상위 1% 일잘러의
글쓰기 절대 원칙

'자소서'부터 '기획제안서'까지

상위 1%
일잘러의
글쓰기 절대
원칙

김호중(초롱꿈) 지음

체인지업
CHANGEUP

AI 시대에 당당하게
살아 남을 수 있는 치트키

　사람들과 이야기를 나눠보면 너무나도 많은 이들이 자신의 생각을 글로 표현하는 데 어려움을 느끼고 있다는 것을 알 수 있습니다. 그럴 만도 한 게 우리나라 교육체계에서는 실생활에 꼭 필요한 글쓰기를 배울 기회가 별로 없기 때문일 테지요. 결국 스스로 글쓰기 능력을 키워야 하나, 현실은 내 인생을 좌지우지할 자기소개서, 논문, 각종 보고서를 당장 써내야만 합니다. 자신의 생각을 글로 풀어낼 줄 모르면 Chat GPT와 같은 AI에게 점점 더 의존할 수밖에 없는 악순환에 빠지게 되지요.

　사람들은 'AI가 이제 글도 척척 잘 써내는데 도대체 글쓰기를 뭐 하러 배워야 하느냐?'고 말합니다. 하지만 이렇게 AI가 발달할수록 우리는 AI가 잘하는 것은 AI에게 맡기고, 인간만이 할 수 있는 지점을 찾아 공략해야만 합니다. 그 지점은 바로 "내 생각을 글로 표현하는 능력"입니다. 제 아무리 AI가 뛰어나다 한들 내 머릿속에 있는 생각까지 꺼낼 수는 없으니까요.

저는 이 책을 통해 AI 시대에 더욱 중요해진 자신의 생각을 글로 표현하는 것이 왜 필요한지 그리고 어떻게 해야 내 생각을 글로 잘 표현할 수 있는지에 대해 말씀드리려고 합니다.

　1장에서는 사회에서 인정받는 상위 1% 일잘러가 되기 위해서 왜 반드시 글쓰기 능력을 갖추어야 하는지에 대해 이야기합니다. 특히, AI 시대에 글쓰기가 필요한 이유와, 학교에서 제대로 된 글쓰기를 배우진 못했지만 어떻게 하면 글쓰기를 통해 일잘러로 재탄생할 수 있는지에 대해 알려드리고자 합니다.

　2장에서는 글을 잘 쓰는 사람은 과연 어떤 점이 다른지에 대해 말씀드립니다. 사람들은 복잡한 걸 싫어합니다. 따라서 상대방이 한방에 이해할 수 있도록 쉽고 간결하게 쓰려면 어떻게 해야 하는지에 대해 이야기합니다.

　3장에서는 일하면서 사람들이 가장 많이 저지르는 실수에 대해 알려

드립니다. 모든 것을 잘 할 수는 없다면 절대 하면 안 되는 것들만 피해도 꽤나 좋은 결과를 가지고 올 수 있습니다. 제가 경험한 수많은 사례들을 토대로 흔히 저지르는 실수를 왜 하는지, 이러한 실수를 하지 않으려면 어떻게 해야 하는지에 대해 귀띔해 드릴 겁니다.

4장에서는 글쓰기가 서툰 사회 초년생이 바로 써먹을 수 있는 방법에 대한 꿀팁을 전수합니다. 이왕이면 다홍치마라고 보고서도 첫인상이 가지는 힘이 어마어마합니다. 따라서 처음 펼쳤을 때 보고서가 한눈에 들어오게 하려면 어떻게 해야 하는지에 대한 방법을 설명해 드립니다. 그뿐만 아니라 보고서 쓰기가 막막할 때 기존의 보고서를 벤치마킹해서 상사가 깜짝 놀랄 만한 보고서를 만드는 치트키에 대해 하나하나 귀띔해 드립니다.

5장에서는 직장 밖에서도 다양하게 활용할 수 있는 글쓰기에 대해 알려줍니다. 성공적인 취업과 이직의 필수템인 뽑고 싶은 자소서 작성법,

내 생각을 글로 옮기며 콘텐츠 생산자로 거듭나는 방법에 대해 말씀드립니다. 다른 사람을 설득하고 도와줄 수 있는 스토리텔링을 해나간다면 여러분의 인생을 앞으로 드라마틱 하게 바꿔나갈 수 있을 것입니다.

　AI는 무서운 속도로 발전하며 우리가 이제껏 당연히 인간만이 할 수 있다고 생각하던 영역을 빠르게 대체하고 있습니다. 그럼에도 불구하고 우리의 생각을 글로 표현할 줄 아는 능력의 중요성은 결코 변하지 않습니다. 이것은 그저 글을 잘 쓰고 안 쓰고의 문제가 아니라 앞으로 우리의 생존과 직결된 일입니다. 앞으로 내 생각을 글로 표현할 줄 아는 사람과 그렇지 않은 사람의 미래는 극명하게 갈릴 테니 말이죠.

　이제 저와 함께 앞으로 AI 시대에 당당하게 살아남을 수 있는 방법을 찾아 떠나보시죠.

2024년 여름, 영종도에서

김호중(초롱꿈)

Chapter 5 **직장 밖에서도 무기가 되는 글쓰기 비법**

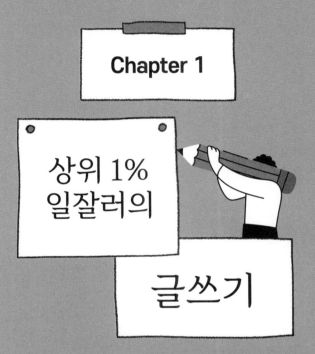

Chapter 1

상위 1%
일잘러의

글쓰기

1

AI 시대에 글쓰기가 필요한 이유

2023년 5월, Open AI에서 개발한 Chat GPT가 대중에게 공개되자 세상은 크게 변화했습니다. 거대 IT 기업들이 앞다투어 생성형 AI를 출시하고, 텍스트뿐만 아니라 그림, 동영상 등 각종 콘텐츠를 생성하고 합성하는 등 인공지능이 날이 갈수록 진화하고 있습니다. AI로 제작된 각종 콘텐츠를 보면 이제 골치 아픈 글쓰기, 보고서, 번역, 리뷰 같은 것들은 AI가 다 해결해 줄 것만 같습니다. 지금껏 해왔던 창작에 대한 고민을 한방에 날려버릴 생각에 새로운 AI 서비스가 나올 때마다 가슴이 두근두근하기도 하죠.

컴퓨터 프로그램 개발자들이 AI를 활용해서 코딩하기 시작한 지는 이미 오래되었습니다. 예전 신입 개발자들은 각자 맡은 부분에 대해 직접 코딩을 했지만 지금은 AI로 순식간에 해내죠. AI는 약간의 오류도 없이

일 처리를 완벽하게 해낼 뿐만 아니라 밤낮과 주말, 휴일도 가리지 않습니다. IT 업계 뿐만 아니라 법조계에서도 발 빠르게 적용하고 있습니다. 서면 업무, 초임 변호사들이 주로 담당하던 판례 검색과 같은 업무들이 빠르게 AI와 RPA(Robotic Process Automation)로 대체되고 있습니다.

사무실에서 수도 없이 해왔던 CPA(Cut, Paste, Arrangement) 업무를 AI와 RPA가 대신해주니 기쁘기도 하지만 사실 이 편리함의 이면에는 불편한 진실이 있습니다. 그건 바로 AI가 완벽하게 일을 해내는 만큼 인간은 빠르게 일자리를 빼앗기고 있다는 사실입니다. 새로운 기술이 나오면서 수많은 사람들이 한순간에 직업을 잃는 일들은 역사적으로도 끊임없이 반복되어 왔습니다. 챗봇과 콜센터 상담원, 하이패스와 요금징수원, ATM기와 은행원, 전화교환기와 전화교환원, 자동차와 마부, 방직기와 노동자 등 너무나도 많은 사례가 있습니다. 신기술로 일자리를 잃은 사람들이 신기술을 박살 내버리는 러다이트 운동을 일으키기도 했지만, 시대의 흐름을 거스를 수는 없기 때문에 결국은 대량생산 시스템에 빠르게 편입되어 갔습니다.

역사적 사실과 첨단 AI 기술의 발전 흐름으로 미루어 보면 글쓰기 분야가 AI로 대체되기란 시간문제인 듯합니다. 이런 상황에서 글쓰기 능력을 향상시켜야 한다고 주장하는 것은 방직기를 때려 부수며 신기술에 저항하는 것과 같은 최후의 발악일까요? 글쓰기도 언젠가 AI로 대체 되겠지만, 그중에서도 대체 가능한 글과 대체 불가능한 글은 분명하게 나뉠 겁니다. 그렇다면 AI로 대체 가능한 글은 어떤 글일까요? 그건 바로 AI로 작성해도 아무런 지장이 없는 글, '단순 정보 전달과 같은 글'입니다. 반면, AI로 대체될 수 없는 글은 '오로지 나만 쓸 수 있는 글'이겠지요.

우리는 이 둘의 차이점을 분명히 알아야 합니다. AI가 잘하는 분야는 철저히 AI에게 위임하고, 내가 필요로 하는 글을 AI가 정확히 생성하도록 명령하는 방법이나 AI가 공급한 글감을 활용해 나만의 독창성을 발휘할 방법 등에 집중해야 합니다. 얼핏 보면 AI는 어떤 글이든 빠르고 정확하게 써내는 만능처럼 보입니다. 하지만 AI는 인간의 명령 없이는 글을 쓸 수 없습니다. 항공기의 '자동항법장치'와 같지요. 오토파일럿auto pilot이라 불리는 자동항법장치는 한 치 앞도 안 보이는 악천후에도 수백 톤에 달하는 항공기를 활주로에 정확히 착지시킬 수 있지만 반드시 조종사의 명령이 있어야만 작동합니다.

Chat GPT와 같은 생성형 AI도 사용자가 묻는 내용을 기반으로 답을 합니다. 예를 들어 "대학교 신입생들의 눈에 띌 만한 AI 교육 광고 문구 써줘", "아이 엄마들이 좋아할 만한 브런치카페 홍보 문구는 뭐가 있을까?"와 같이 명령어를 입력하면 AI는 거대 언어 모델을 가동해 그간 학습된 수많은 단어와 문구 등을 순식간에 검토하여 가장 그럴듯한 결과를 내놓습니다. 결국 사용자가 물어본 내용에 포함된 키워드로 인해 답변의 수준과 범위가 달라진다는 겁니다. AI가 내놓은 결과를 바탕으로 사용자는 최종 결정을 내립니다.

어떤 일을 하기 전에 선행하는 자료 조사, 데이터 분석, 면담, 동료와의 상의 등은 흩뿌려진 수많은 정보를 수집해 얼개를 만들기 위한 과정입니다. 그림을 그리기 전에 밑그림으로 구도를 잡는 것과 같은 거죠. 이런 작업을 초안이라고 합니다. 엉성할 초(草), 생각할 안(案)을 사용한 단어 뜻 그대로 엉성하게 모아놓은 생각들이죠. 예전에는 글이나 보고서를 쓰기 전 생각의 파편과 자료들을 펼쳐놓고 그걸 모아서 하나의 완성된 글을 써나갔습니다. 하지만 이제 그런 작업은 AI가 더 빠르게 수행할 수 있으니 이런 부분을 AI에게 맡겨야 한다는 것입니다.

하버드 경영대학원에서는 2023년 9월 〈AI가 지식노동자의 생산성과 품질에 미치는 영향〉이라는 제목의 논문을 발표했습니다. 지식노동자들이 Chat GPT 4를 사용하는 경우, 그렇지 않은 경우에 비해 평균 12.2% 더 많이 일할 수 있고, 25.1% 더 빠르게 수행할 수 있을 뿐만 아니라 결과물의 품질도 40% 이상 더 높게 나타났다는 내용이었습니다. 이처럼 우리는 AI를 활용하여 나만의 관점을 담은 나만의 글을 써나가야 합니다. 여기서 중요한 것은 '나만의 관점'입니다.

요즘은 AI가 보고서뿐만 아니라 자소서, 논문까지 작성합니다. 하지만 세상은 그렇게 녹록지 않아서 AI로 쓴 자소서는 또 다른 AI로 검토해 걸러내고, AI로 쓴 논문은 표절과 동일하게 간주되어 엄격하게 걸러집니다. 유명 과학 논문 저널 출판사 '엘스비어^{Elsevier}'에서는, "AI는 오직 교정 과정에만 사용하고 과학적 해석과 결론을 도출하는 데 사용해서는 안 된다"고 명시했습니다. 이처럼 AI는 도구로 활용하고 최종적인 결정은 사람이 해야 합니다.

요즘은 AI로 그림을 그려주는 서비스도 많이 생겨나고 있습니다. 몇 가지 키워드를 입력하면 순식간에 엄청난 품질의 그림이 나오죠. 그래서 인지 많은 사람이 이 서비스를 이용해 그림을 그려내고 그걸 다양하게 활용하곤 합니다. 하지만 이용자가 굉장히 많고 심지어 프로필 사진도 AI로 만들다보니 비슷비슷한 그림과 사진들이 난무해서 이제는 딱 봐도 AI가 만든 사진인지 아닌지를 판단할 수 있죠.

글도 마찬가지입니다. 이미 많은 사람이 정보성 글들은 AI로 찍어내듯 작성해서 블로그 같은 열린 공간에 올리고 있습니다. 그런 글이 수없이 쏟아지니 이제는 쓱 보면 AI로 쓴 글인지 아닌지 알 수 있습니다. 이렇게 똑같은 글들이 쏟아질수록 우리는 어디서도 읽을 수 없는 나만의 색깔을 찾는데 집중해야 합니다. AI가 발달해 제아무리 멋들어진 글을 써내도 손때 묻은 글, 어디서도 볼 수 없는 글에 대한 수요는 변함이 없을 테니까요.

또한, AI는 '나만의 스토리'를 쓸 수 없습니다. 그럴듯하게 흉내는 낼 수 있을지도 모르죠. 하지만 AI는 내 인생을 살아보지 않았기 때문에 '생생하게 살아있는 진짜 나만의 스토리'를 완성시킬 수는 없습니다. 얼핏 보면 완벽해 보이지만 차별성은 전혀 찾을 수 없는 수많은 콘텐츠 사이에서 독창성은 단연 돋보일 수밖에 없습니다. 이것이야말로 진정한 퍼스널 브랜딩이 아닐까요? 남들과 똑같이 해서 있으나 없으나 한 존재가 될지, 나만의 독창성을 마음껏 뽐내며 대체 불가능한 사람으로 살아갈지는 우리의 선택과 행동에 달려 있습니다.

2

우리는 제대로 된 글쓰기를 배운 적이 없지만

글쓰기란 결코 쉬운 일이 아닙니다. 그럼에도 불구하고 우리는 지금까지 글쓰기를 제대로 배운 적이 없죠. 수능에는 글쓰기라는 과목 자체가 없고, 그나마 논술이라는 게 있긴 하지만 대부분 틀에 박힌 형태로 쓰기 때문에 사실상 형식적이라 할 수 있어요. 미국의 대표적인 명문 사립대학교인 하버드, MIT에서는 논리적인 사고와 설득력의 중요성을 주장하며 글쓰기 센터를 설립해 4년 내내 강도 높은 글쓰기 교육을 제공합니다. 반면 우리나라 대학에서는 안타깝게도 이렇다 할 글쓰기 교육을 진행하지 않죠.

그렇게 대학을 졸업하고 사회에 나오면 어떨까요? 직장에서도 보고서, 기획안 작성과 같은 실용 글쓰기에 대해 체계적으로 가르쳐 주지 않습니다. 그나마 신입사원 연수 과정에 한두 시간 정도 공문 작성 교육

프로그램이 있긴 하지만 이 또한 형식적입니다. 이런 수업 한두 시간 듣고 공문이나 보고서를 잘 쓸 수 있다면 이런 걱정 하지도 않죠.

학창시절 국어 시간에는 문학, 소설, 시, 수필과 같은 문학 작품에 대해 배우지만 실무에 쓰이는 실용 글쓰기와는 성격이 다릅니다. 어떤 점이 다를까요? 일단, 문학 작품은 사람의 마음속에 깊은 여운을 남길 수 있어야 합니다. 한편, 보고서, 기획안 작성과 같은 실용 글쓰기는 문학 작품처럼 아름답고 여운을 남기는 글일 필요는 없습니다. 실용 글쓰기는 사실을 전달하는 정형화된 기술에 가깝습니다. 우리는 이러한 기술도 배우지 않은 채 대학에 가고 사회로 나옵니다. 심지어 이공계는 국어와 글쓰기 커리큘럼 자체가 없는 경우가 많아 상황은 더욱 심각합니다.

그런데 가르쳐주지도 않고 쓰라고만 한다고 한탄을 해봐도 달라지는 건 없습니다. 탓만 하고 있을 게 아니라 적극적으로 방법을 찾아서 배워야 합니다. 지금 여러분이 이 책을 읽고 있는 것과 마찬가지로 말이죠. 그래야 변할 수 있고 성장할 수 있어요.

지금도 우리나라의 수많은 대학생, 직장인이 글쓰기로 골머리를 앓고 있습니다. 국어 시간에 배웠던 '문학적 글쓰기'에서 벗어나지 못했기 때문이죠. 그 바람에 실용 글쓰기가 필요한 순간에 문학 작품을 쓰려고 하는 엉뚱한 노력을 기울이는 일이 발생합니다. 이를테면 회사에서 원하는 건 약도인데 어설픈 실력으로 빈센트 반 고흐의 작품 같은 걸 그리려고 하니 이도 저도 아닌 결과가 나타나는 겁니다.

여러 회사에서 승진을 위한 인사 가점제를 운영합니다. 대표적으로 공인영어점수가 있죠. 업무상 영어를 사용할 일이 거의 없음에도 인사고과에서 가점을 받기 위해 많은 시간과 돈을 들여 토익, 토익스피킹, 오픽과 같은 공인영어시험을 준비합니다. 그런데 정작 회사에서 많이 쓰이는 보고서, 문서 작성 같은 건 공식 자격증도, 시험도 없고 인사고과에도 반영하지 않으니 굳이 배울 생각을 하지 않습니다. 그런데 회사에서는 잘 쓴 보고서를 요구하죠. 대체 어쩌라는 걸까요?

문학 작품 쓸 때를 생각해 봅시다. 생각나는 대로, 느낌 가는 대로 일필휘지 써 내려갑니다. 그런데 우리는 그 정도의 문학적 감각이 없다는 것이 문제입니다. 그래서 술술 써지지 않는 글에 애꿎은 머리만 쥐어뜯죠. 더군다나 문학은 사실 계량화, 정량화하여 평가하기가 어려운 점이 많아요. 하지만 실용 글쓰기인 '보고서 쓰기'는 다릅니다. 명확한 틀과 규칙이 있기 때문에 잘 쓴 건지 못 쓴 건지 평가가 가능하죠. '글의 구조'가 있기 때문입니다.

한방에 먹히는 보고서의 구조는 사실 딱 정해져 있습니다. 바로 '핵심-근거-사례-핵심 강조'입니다. 설명에 앞서 재미난 예시를 하나 들어보겠습니다. 하버드대 심리학과 교수 엘렌 랭어Ellen Langer는 '왜냐하면의 힘'에 대해 연구한 논문을 발표했습니다. 도서관에서 복사를 먼저 하기 위해 다음과 같이 말을 걸고 실제 얼마나 양보를 받아내는 건지 본 거죠.

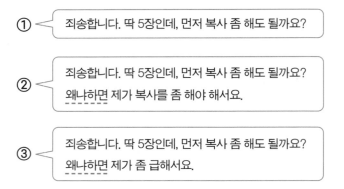

어때요? 여러분이 이런 부탁을 받으면 어떻게 할 건가요? 결과는 ①의 경우 60%, ②의 경우 93%, ③의 경우 94%의 확률로 양보 승낙을 받았습니다. '왜냐하면'을 추가했을 뿐인데, 양보 받을 확률이 확 올라간 거죠.

예를 하나 더 들어보겠습니다. 중식당에서 빠질 수 없는 대표 메뉴인 탕수육을 앞에 두고 찍먹, 부먹 논쟁이 벌어졌습니다. 찍먹파는 다음과 같이 주장합니다.

(핵심) 탕수육은 찍먹이 진리이다.

(근거) 왜냐하면, 튀김은 겉바속촉(겉은 바삭하고 속은 촉촉)하게 먹는 음
식이기 때문이다.

(사례) 1. 기름에 튀길 때 반죽 속의 물이 증발하며 바삭해지는 게 튀김의
본질이다.

2. 소스를 부으면 눅눅해져서 튀김 본연의 맛을 훼손시킨다.

3. 소스가 별도로 나오는 것도 위와 같은 이유 때문이다.

(핵심 강조) 따라서 탕수육은 소스를 찍먹이어야 한다.

제가 앞에서 '보고서의 핵심 구조'를 말씀드렸죠? '핵심-근거-사례-핵심 강조'. 어떤가요? 이렇게 마지막에 한 번 더 자신의 주장을 강조하니 상당한 힘이 실립니다. 신문에 실린 칼럼도 대부분 이런 구조로 작성이 되어 있을 거예요. 그만큼 실제로도 많이 쓰이고 효과가 막강한 글쓰기 방법이라는 뜻입니다. 또한, 전문가의 의견이나 객관적 사실을 제시하는 방법도 괜찮아요. 포인트는 마지막에 전달하고자 하는 '핵심을 다시 한번 강조하기'입니다.

우리는 제대로 된 글쓰기를 배운 적이 없지만 사회 생활에서 필요한 글쓰기를 스스로 습득하고 적용할 줄 알아야 합니다. 교육제도만 탓하고 있기에는 눈앞에 놓인 현실이 냉혹합니다. 내 생각을 글로 풀어낼 수

있는 능력은 앞으로 우리의 생존과 직결된 문제니까요. 보고서를 잘 쓰는 방법은 배울 수 있습니다. '핵심-근거-사례-핵심 강조'와 같은 기본적인 틀만 기억해도 굉장히 효과적으로 보고서를 쓸 수 있거든요. 자, 이제부터 보고서를 쓸 때 이 기법을 적용해 써보시기 바랍니다. 그리고 확연히 달라진 상사의 반응을 확인해 보세요.

3

시대가 변해도 글쓰기의 중요성은 변하지 않는다

세계적인 심리학자이자 《질서 너머》, 《12가지 인생의 법칙》을 쓴 토론 토대학교 심리학과 교수 조던 피터슨Jordan B. Peterson은 "글을 명료하게 쓸 줄 안다는 것은 총과 방탄조끼를 가지고 있는 것과 같다. 글쓰기 능력은 인생에서 가장 강력한 무기다" 라고 강조했습니다. AI가 글을 척척 써 내려가는 마당에 왜 세상은 그놈의 글쓰기 능력에 연연하는 걸까요?

2017년 2월, 한국경제 논설위원인 고두현 시인이 쓴 '하버드·MIT 졸업 생들의 고백'이라는 칼럼이 화제가 된 적이 있었습니다. 하버드를 졸업 한 40대 학생 1,600명을 대상으로 "대학 시절 가장 도움이 된 수업이 무 엇인가?"라는 설문 조사를 했더니 90% 이상이 '글쓰기'라고 대답했다는 내용이었습니다. 하버드, MIT 졸업생들도 사회에 나와보니 현장 업무의 대부분이 글쓰기와 관련되어 있다는 사실을 깨닫고 글쓰기 센터의 설립을 추진했다고요.

놀랍게도 하버드 글쓰기 센터는 무려 150년이 넘는 역사를 자랑합니다. 익스포스(Expos; Expository writing program)라고 불리는 논증적 글쓰기 프로그램은 1872년에 만들어져 하버드 학생이라면 반드시 수강을 해야 하는데, 여러 편의 논문을 써야 하는 등 극악의 난이도로 정평이 나 있습니다. 한 세기 반이 넘도록 이어온 혹독한 글쓰기 훈련이 지금의 하버드 대학의 명성에 많은 부분을 기여하지 않았을까 하는 생각이 듭니다.

한편 우리나라 대학생들은 과제 제출용 리포트 이상의 글쓰기를 접할 기회가 없고, 학생들 스스로도 글쓰기의 필요성을 느끼지 못합니다. 그러다 취업을 위해 자소서를 쓸 때가 되어서야 비로소 '도대체 난 이제까지 뭐 한 거지?'라며 절망에 빠지곤 하지요. 자소서의 빈 페이지를 바라보고 있는 취준생은 흘러간 자신의 대학 생활과 앞으로 개척해야 할 미래를 앞두고 두려움에 떨고 있습니다.

그렇다면 우리는 왜 글쓰기를 해야 할까요? 단지 학점을 잘 받기 위해서일까요? 아니면 자소서를 잘 써서 좋은 기업에 취직하기 위한 건가요? 이에 대해 《하버드 1교시 자기 표현력의 힘》의 저자 리처드 J. 라이트 Richard J. Light는 자신의 저서에서 이렇게 말했습니다. "보다 효율적인 커뮤니케이션을 하고, 보다 합리적인 생각을 정리하기 위해 글쓰기보다 나은 방법이 없기 때문"이라고 말이죠. 글쓰기는 사색을 통해 비로소 해낼 수 있고 사색 없이는 한 글자도 쓸 수 없으니까요.

우리는 살아가면서 수많은 시련을 겪습니다. 아무리 기술이 발달하고 AI가 우리 삶에 깊숙이 들어와도 이 명제는 변하지 않습니다. '우리는 모두 태어나서 언젠가는 죽는다'와 같이 말이죠. 인류가 탄생한 이후로 아니, 생명체가 지구상에 나타난 이후로 우리는 모두 각자의 삶에서 시련을 겪어왔습니다. 그것을 이겨내면 생존, 이겨내지 못하면 도태되는 것입니다. 어쩌면 지금 인류는 AI의 출현이라는 커다란 변화를 겪고 있을지도 모릅니다. AI가 엄청난 속도로 진화하며 인간의 영역을 빠르게 차지해가고 있으니까요.

이런 상황에서 우리가 제대로 생각을 하며 살아간다면 더 나은 방법으로 행동할 수 있을 뿐만 아니라 차별화된 방법으로 더 나은 삶을 스스로 개척할 수 있습니다. 제대로 된 생각은 우리가 살아가면서 겪을 수많은 시련 속에서 방향을 잃지 않고 앞으로 나아갈 수 있도록 해주죠. 삶에서 겪는 시련들은 나를 괴롭히기 위한 것이 아닙니다. 오히려 나를 더욱 단단하게 해주지요.

우리가 스스로 생각하고 그 결과를 말과 글로 표현할 수 있다면 그 어떤 시련이 닥쳐오더라도 담대하게 극복해 나갈 수 있습니다. 나를 가로막았던 장애물의 높이만큼, 나를 흔들었던 인생의 거센 파도만큼 성장하고 강해지죠. 그러므로 우리는 글 쓰는 방법을 배워야 합니다. 하지만 이 중요한 사실을 어느 누구도 알려주지 않습니다.

학교에서 충분한 글쓰기 훈련을 하면 배운 내용을 정확히 표현하여 좋은 성적을 받고 좋은 논문을 낼 수 있습니다. 사회에 나와서도 글쓰기 능력을 자소서, 제안서, 보고서 등에 활용하여 성공에 다가가는 핵심 역량으로 적용할 수 있습니다. 살다 보면 나와 생각이 다른 사람들과 의견이 서로 대립하는 경우를 만나게 됩니다. 논쟁 자체를 피하는 것이 가장 좋은 방법이지만, 부득이하게 논쟁을 벌여야 할 경우 내가 주장하는 바가 무엇인지 잘 정리해서 말할 수 있다면 엄청난 무기가 됩니다. 면접을 볼 때도, 회의를 할 때도, 동료들과 소통을 할 때도 내 생각을 조리 있게 전달하는 것과 두서없이 말하는 것은 엄청난 결과의 차이를 가져옵니다.

글은 말을 조리 있게 하는 데도 큰 도움을 줍니다. 말은 문장의 호응이 조금 안 맞아도, 어순이 조금 잘못되어도 이해하는데 큰 어려움이 없습니다. 하지만 말과 달리 글은 체계적으로 쓰지 않으면 절대 완성되지 않습니다. 정확한 단어와 체계적인 문장구조를 갖추어야 의사 전달이 가능합니다. 따라서 짜임새 있는 글쓰기가 선행된다면, 내 생각을 말로 조리 있게 표현하는 일도 가능해집니다.

글쓰기 능력은 삶을 살아가는 데 있어 꼭 필요한 능력입니다. 글을 쓰는 과정에서 생각을 정리하며 내 논리가 타당한지 점검하게 되고 궁극적으로는 나아가야 할 방향을 스스로 설정할 수 있습니다. 논리적으로 생각을 정리할 수 있으면 다른 사람들에게 영향력을 끼칠 수 있고, 내 능력을 인정받아 더 나은 삶을 스스로 개척할 수 있게 됩니다. AI가 도입되어 인류의 존재 자체가 위협받는 세상이 되어도 변하지 않는 것, 그것은 바로 내 생각을 글로 정확하게 표현할 줄 아는 능력입니다.

4

의사소통 능력이 곧 당신의 능력이다

'의사소통 능력'은 면접 단골 질문입니다. 그만큼 중요하다는 의미겠죠. 왜 그토록 많은 회사에서 의사소통 능력을 강조하는 걸까요? 그 이유는 사회생활을 하면서 발생하는 많은 문제들이 의사소통 과정에서 일어나기 때문입니다. 의사소통은 말, 글, 행동 등을 통해 상대방과 생각을 주고받는 과정입니다. 그런데 저마다 살아온 배경과 가치관, 지식의 수준과 범위도 모두 다르기 때문에, 내가 분명 A라고 말했어도 상대방은 B로 받아들이면서 갈등을 빚는 경우가 빈번하게 일어나곤 합니다. 특히 직장 내 공식적인 의사소통은 문서로 이루어지기 때문에 글을 통한 정확한 의사소통은 일잘러의 필수 역량이라고 할 수 있습니다.

의사소통 능력이 좋으면 전달하고자 하는 바를 잘 왜곡 없이 전달할수 있습니다. 인간은 사회적인 동물이기 때문에 혼자서는 살아갈 수 없고 늘 누군가와 소통하고 교류하며 살아야 합니다. 따라서 서로 다름과 차이를 인정하고 협력하며 갈등을 해결해 갈 수 있는 능력은 사회생활을 할 때 반드시 필요하죠. 그렇다면 우리가 의사소통을 잘하기 위해서는 어떤 노력이 필요할까요?

첫째, '경청'입니다. 경청이란 상대방이 말하고자 하는 바와 말로 표현하지는 않았지만 표정이나 몸짓같이 비언어적으로 표현되는 부분을 이해하고 받아들이는 것이죠. 미국의 심리학자 앨버트 메라비언Albert Mehrabian은 자신의 저서 《침묵의 메시지Silent messages》에서, 인간은 상대와 의사소통을 할 때 대화 내용 그 자체보다 상대방의 표정과 태도(55%), 목소리(38%)와 같은 시청각 요소의 영향을 많이 받는다고 밝혔습니다. 이처럼 상대방이 말하는 내용뿐만 아니라 표정과 태도, 목소리까지 살피며 어떤 메시지를 전하려고 하는지 귀 기울여 듣는 것이 중요합니다.

둘째, '공감'입니다. 내게는 당연하지만 상대방에게는 당연하지 않는 것들이 있습니다. 대표적으로 전문 용어의 사용을 들 수 있습니다. 병원에서 진찰을 받았는데 의사 선생님이 전문 의학용어로 설명을 한다면 자신의 상태를 정확히 인지할 수 있는 환자가 몇이나 될까요? 실생활에서도 마찬가지입니다. 늘 상대방을 고려하여 소통해야 합니다.

셋째, '배려'입니다. 복잡하고 어려운 내용을 본인의 관점에서 어렵게 설명하는 일은 아무나 할 수 있습니다. 상대에 대한 배려 없이 내 생각만

하면 되는 거니까요. 하지만 어려운 내용을 상대방이 이해할 수 있도록 쉬운 예시를 들거나 복잡한 자료를 그림이나 도표로 표현하는 것은 상대방에 대한 배려입니다. 의사소통에서 발생하는 오류는 상대방의 잘못이라기보다는 내가 상대방의 눈높이를 맞추지 못한 탓인 경우가 대부분입니다. 배려하는 마음으로 소통하면 소통의 오류를 줄일 수 있습니다.

넷째, '질문'입니다. 의사소통은 일방통행이 아닙니다. 따라서 상대가 제대로 이해했는지 확인하고, 생각을 정리할 수 있도록 질문을 해야 합니다. 병원에 가면 간호사가 주사를 놓거나 처치를 하기 전에 이름과 생년월일을 물어봅니다. 이는 환자의 이름을 정말 몰라서 물어보는 게 아니라 확인하는 과정입니다. 혹여라도 잘못된 처치를 하면 의료사고로 이어지기 때문에 의사소통의 오류를 방지하기 위한 시스템인 거죠.

다섯 번째, '설득'입니다. 설득은 의견 대립이 있는 상황에서 자신이 원하는 방향으로 행동하도록 이끄는 행동입니다. 단, 오해하면 안 되는 것이 있습니다. 바로, 상사는 설득의 대상이 아니라는 점입니다. 상사는 결재 권한을 가지고 있는 사람입니다. 즉, 선택권은 내가 아닌 상사에게 있다는 거예요. 따라서 상사가 나의 제안을 거절했거나 내가 쓴 보고서를 반려했다면 상사를 설득하려 들지 말고 과연 어느 부분이 마음에 안 들었을지를 분석하는 것이 바람직합니다.

앞서 소개한 다섯 가지가 원활한 의사소통을 위해 필요한 요소들이라면, 의사소통을 가로막는 방해요인에는 무엇이 있을까요?

첫째, '일방적인 소통'입니다. 식사하러 식당에 갔는데 주문을 받지 않고 사장님 마음대로 음식을 내어온다면 어떤 기분이 들까요? 단 한 가지 메뉴만 판매하는 식당에 간 게 아니라면 굉장히 황당하겠죠. 의사소통에 있어 일방통행은 정말 위험합니다. 상대가 어떤 의사를 가졌는지 신경 쓰지 않고 일방적으로 말하고 듣고 싶은 것만 듣는다면 서로 엇갈린 정보로 인해 원활한 의사소통은 불가능합니다.

둘째, 과도한 정보 전달입니다. 직장에서는 한 번에 많은 정보를 전달해야 하는 경우가 빈번합니다. 눈앞에 맛있는 음식이 가득하다고 해도 찬찬히 하나씩 맛을 봐야지 모든 음식을 한입에 다 넣을 수는 없습니다. 정보도 마찬가지입니다. 전하고 싶은 정보가 많다고 그것을 한꺼번에 전달하려고 하면 오히려 하나도 전달이 안 되는 상황이 발생합니다. 전체적인 내용을 보여주며 어떤 구조로 되어 있고 어떤 순서로 전할 것인지 상대의 반응을 살펴 가며 차근차근 전달해야 합니다. 혹여라도 전달하는 과정에서 상대가 제대로 알아듣지 못할 것 같으면 제대로 이해했는지를 확인하며 전달해야 합니다. 그렇지 않으면 전달하려는 메시지가 옆으로 다 새어버릴 테니까요.

셋째, '말 안 해도 알겠지'입니다. 이심전심이라는 말이 있죠. '내가 굳이 말하지 않아도 상대가 알아주겠지' 하는 마음입니다. 결론부터 말하면 그런 건 없습니다. 부부 사이에도 서로 사랑을 표현하지 않으면 배우자가 나를 사랑하는지 안 하는지 알 수가 없는데, 하물며 회사 동료와 상사는 어떨까요? 내가 말을 하지 않으면 일이 너무 몰려 숨넘어가기 직전인지, 여유가 있어서 동료까지 도와줄 수 있는 상황인지 절대 알 수 없습니다. 눈치껏 해야 한다고 말하는 사람들도 있습니다. 네, 물론 사회생활을 하는 데 눈치도 정말 중요하죠. 하지만 회사에서 이런 식의 의사소통을 하다가는 오해가 생겨 일을 그르칠 수 있으니 '눈치껏' 보다는 정확한 표현을 통해 소통해야 합니다.

일잘러는 훌륭한 의사소통 능력을 가지고 있어야 합니다. 동료들이 보고하는 내용을 정확히 파악하고, 혹 전달하려는 내용이 제대로 정리되지 않았다면 의도하는 바가 무엇인지를 이끌어 내는 과정도 반드시 필요합니다. 상대가 전달을 제대로 못한다고 닦달할 게 아니라 의중을 잘 설명할 수 있도록 해야 진정한 일잘러라고 할 수 있으니까요. 의사소통 능력은 경쟁력과 직결될 뿐만 아니라 글을 잘 쓰기 위한 필수 능력이라 할 수 있습니다.

5

글쓰기 능력과 사고력은 한 몸이다

취업, 이직, 대학원 진학 등 성장과 도전을 위해 반드시 거쳐야 하는 관문이 있습니다. 바로 '면접'입니다. 많은 사람이 면접에 두려움을 느낍니다. 면접뿐만 아니라 사회생활을 하다 보면 회의, 발표 등 다양한 형태로 말을 해야 하는 경우가 생기는데, 이때 또박또박 조리 있게 말하기란 참 어려운 일입니다. 이런 현상은 생각을 잘 정리할 줄 모르기 때문에 생기는 일입니다. 자기 생각을 표현하는 일은 왜 이렇게 어려울까요?

한국어 사용자라면 한국에서 말로 의사소통을 하는 데 큰 어려움이 없습니다. 어순이 안 맞거나 문법상 틀리게 말해도 의사를 전달하는 데 거의 지장이 없어요. 하지만 면접이나 발표와 같은 상황에서는 이야기가 달라집니다. 제한된 시간 안에 말하고자 하는 바를 명확히 전달하려면 정제된 문장을 사용해야 하죠. 문제는 이렇게 정제된 문장을 구사하기 위해서는 평소에 훈련이 잘 되어 있어야 한다는 점입니다.

예전에 회사에서 큰 행사를 하느라 공중파 방송에 출연하는 아나운서를 사회자로 섭외한 적이 있습니다. 무대 뒤에서 아나운서와 대화를 나누는데, 말을 참 조리 있게 잘한다고 느껴지더군요. 아나운서는 전문적인 스피치 훈련을 받으니까 그런 거 아니겠냐고 생각할 수도 있습니다. 그러나 스피치는 '기능적인 측면'에 불과할 뿐입니다. 조리 있는 말솜씨의 진짜 핵심은 '인풋input과 아웃풋output'에 있습니다.

아나운서들은 뉴스에서 하는 모든 멘트를 직접 작성합니다. 보이지 않는 곳에서 치열하게 준비한 결과물이지요. 출근하면 매일 그날 발행된 지면 신문을 모두 읽고 주요 사안 위주로 요약해 정리합니다. 그리고 방송할 뉴스에 맞는 멘트를 직접 써서 프롬프터에 띄우고 별도로 준비한 종이 원고를 보며 멘트를 합니다. 이 과정을 신입 시절부터 매일 치열하게 반복한 결과 뉴스 진행뿐만 아니라 일상에서 하는 말도 매끄럽게 구사할 수 있게 됩니다.

맛있는 요리를 하기 위해서는 다양한 식재료가 충분히 있어야 하듯 좋은 생각을 하기 위해서는 다양한 정보가 충분히 필요하지요. 정보를 습득하는 가장 좋은 방법은 독서입니다. 그런데 정보의 습득보다 더욱 뛰어난 독서의 효용은 문해력과 사고력 향상입니다.

인간의 뇌는 '신경 가소성'이라는 특성으로 인해 뇌를 사용하면 할수록 끊임없이 발달한다고 해요. 따라서 책을 많이 읽고 글을 쓰는 과정에서 뇌는 지속적으로 발달하며 사고력이 더욱 증가하게 됩니다. 책을 꾸준히 읽으면 문해력과 사고력을 담당하는 부위가 강화되어 그 능력이 비약적으로 성장하는 거죠.

그런데 주목할 점은, 문해력과 사고력이 향상 되어도 그게 겉으로 드러나지는 않는다는 겁니다. 따라서 우리는 머릿속에 있는 것을 밖으로 꺼내야 합니다. 정신과 의사이자 《아웃풋 트레이닝》의 저자 가바사와 시온樺澤紫苑은 책을 아무리 많이 읽어 인풋을 늘려도 그걸 밖으로 꺼내는 아웃풋을 하지 않으면 기억으로 정착되지 않는다고 밝혔습니다.

학교에서 시험을 보는 이유는 공부를 하며 머리에 저장한 내용을 시험을 통해 꺼내도록 해서 신경회로를 강화하기 위함입니다. 시험이라는 목표 없이 그냥 공부하면 공부가 잘 안 되지만, 시험을 코앞에 두고 몰입해서 공부하면 엄청난 학습효과가 있는 이유도 바로 이 원리 때문이죠.

상위권 학생들에게는 몇 가지 특징이 있는데, 그중 하나가 바로 복습입니다. 복습도 그냥 복습이 아니라 '백지 복습'이라고 해서 아무것도 적히지 않은 백지에 공부한 내용을 설명하듯 쭉 적어나는 방식입니다. 공부한 내용을 스스로 완전히 이해하지 못하면 절대 누군가에게 설명할 수 없습니다. 쓰다가 막히는 부분이 나오면 그 부분을 정확히 이해하지 못했다는 의미이므로 그 부분을 보완하면 완벽한 공부가 됩니다. 이 내용은 수능 성적 상위 0.5% 학생들의 공부법을 살펴본 EBS 다큐멘터리에서도 등장해 화제가 되었죠.

저는 강의를 할 때 학생들과 발표 수업을 하곤 합니다. 학생들이 공부한 내용으로 발표를 준비하는 과정에서 제대로 된 학습을 하도록 유도하기 위함이에요. 발표를 하기 위해 인풋하고 그걸 아웃풋하는 과정에서 뇌리에 강하게 남기 때문이지요. 처음에는 '교수님이 또 쓸데없이 스트레스만 유발하는 팀플 시킨다'며 불만을 가질지도 모릅니다. 하지만 발표를 왜 시키는 건지를 설명해 주고 발표자의 시선 처리와 같은 기본기부터 발표 내용에 이르기까지 잘한 점과 개선할 점을 진심을 다해 피드백 해주면 학생들은 오히려 고마워합니다. 앞으로 유용하게 쓸 일이 많은 발표 스킬을 익힐 수 있을 뿐만 아니라, 발표를 하면서 자신이 무엇을 알고 무엇을 모르는지를 파악할 기회를 가질 수 있으니까요.

사고력은 글을 읽고 쓰는 과정에서 길러집니다. 독서를 통해 다양한 정보를 접하며 문해력이 길러지고 생각을 글로 정리하는 과정에서 체계적인 사고를 할 수 있기 때문입니다. 글을 읽으며 생각을 정리하고 그 생각을 글로 표현하는 일련의 과정을 반복해서 훈련하면 어떤 상황에서도 자신의 생각을 말이나 글로 매끄럽게 표현할 수 있습니다. 글쓰기 능력과 사고력은 한 몸이라고 할 수 있습니다.

6

엔지니어도 글을 잘 써야 살아남는다

엔지니어는 대부분 현장과 관련된 업무를 합니다. 공사 현장, 생산 현장, 조사 현장 등 다양한 환경에서 자신의 공학 지식을 적용하는 것이 엔지니어의 주된 업무니까요. 그런데 엔지니어 중에서는 간혹 '엔지니어는 기술로 승부를 보는 거지, 문서 작성 같은 쓸데없는 잡무는 왜 있는 거야?'라는 생각을 가진 경우가 있습니다. 하지만 이는 정말 큰 착각이며 성장을 가로막는 유리천장을 스스로 만드는 언행입니다.

엔지니어는 보통 조직에 속해 일을 합니다. 조직의 규모가 크면 클수록 '나'라는 존재는 거대한 시스템의 일부에 불과하지요. 아무리 뛰어난 성과를 내더라도 조직이 나의 성과와 능력을 일일이 알아채고 기억하기란 사실상 불가능에 가깝습니다. 직급이 올라갈수록 문서화 되지 않은 실적은 금세 잊히고 마는 경우가 많고요.

그 이유를 상사의 관점에서 생각해 볼까요? 상사는 자신이 맡은 조직의 핵심 업무를 완수해 낼 수 있는지 여부가 가장 큰 관심사입니다. 한편, 상사가 맡은 팀에는 일을 잘하는 직원, 보통인 직원, 그리고 일을 잘 못 하는 직원들로 구성되어 있겠죠. 이른바 '에이스' 직원은 일반 직원보다 120% 이상의 성과를 내지만 안타깝게도 상사의 관점에서는 그저 '일 잘하는 직원' 정도로 생각될 뿐입니다. 상사는 '이 친구가 다른 친구보다 무려 20%나 성과가 더 좋구만!' 하고 정량적으로 기억하는 게 아니라 '일 잘하는 직원'이라는 정성적인 이미지로 기억하기 때문이지요. 따라서 내가 정말 일을 잘하고 있고 엄청난 성과를 내고 있다는 걸 누구도 반박하지 못하게 각인시키기 위해서는 객관적인 자료와 공식 문서로 '박제'해 놓아야 합니다. 회식 자리에서 팀장님으로부터 "우리 박 과장이 일을 정말 잘하지!"라는 말을 들었어도 다음날 술 깨면 깨끗하게 잊혔을 테니까요.

비단 조직에서만의 문제가 아닙니다. 1인 기업이든 연구소든 현장이든, 엔지니어는 자신이 한 업무와 연구, 기술적인 내용을 누군가에게 전달해야만 가치를 인정받을 수 있습니다. 제아무리 좋은 기술, 연구라고 해도 누군가가 알아주지 않으면 그저 진흙 속 진주일 뿐이거든요.

또한, 협업의 중요성이 갈수록 중요해지고 있습니다. 협업 과정에서 실시간 소통과 문제 해결이 가능할수록 '일잘러'라는 말을 듣습니다. 하지만 현장 근무가 많은 엔지니어의 특성상 내가 필요한 순간에 상대방이 사무실에 앉아 있다는 보장이 없습니다. 더군다나 상대가 외국에 있을 경우 시차로 인해 실시간 대응이 더욱 어렵죠.

협업자로부터 확인이 필요한 내용이 기술적, 법률적 검토를 위해 시간이 소요되는 사안이라면 더욱 명확히 표현해야 합니다. 정확히 어떤 점이 궁금한지, 검토한 자료에서 어느 부분을 어떻게 보완하면 좋을지를 제대로 물어보지 않으면 같은 내용으로 여러 번 문의가 오겠지요. 답답함과 불만은 사은품처럼 따라올 겁니다.

최근에는 다양한 협업 툴tool을 이용해 빠르게 의사소통하는 기업이 늘어나고 있습니다. 특히 스타트업에서는 문서 작업에 대한 업무 과부하를 줄이기 위해 협업 툴을 적극 활용하는 추세입니다. 하지만 모든 업무를 협업 툴로만 할 수는 없습니다. 더욱이 심도 있는 기술적 검토가 필요한 경우에는 요청 사항 또한 매우 세부적으로 작성해야 하므로 의도를 글로 정확히 풀어낼 수 있어야 하며 상대방이 작성한 글에서 맥락을 잘 읽어낼 수 있는 문해력도 필수입니다.

산업혁명 이후 지금까지는 직무를 세부적으로 나누어 분업화된 각자의 직무를 최대한 잘 해내는 것이 경쟁력의 지표였습니다. 하지만 4차 산업혁명 시대에는 한 가지 기술에만 능통하기보다 내가 가진 핵심역량과 다른 분야의 역량을 얼마나 잘 융합하는지가 중요한 가치가 되고 있습니다.

물론 모든 엔지니어가 보고서를 잘 써야만 하는 건 아닙니다. 사람마다 능력과 성향이 다르므로 각자 역량에 맞는 일을 하면 되니까요. 하지만 기술 업무만 잘하는 엔지니어, 코딩만 잘하는 개발자는 빠르게 변하는 세상에서 살아남기 힘듭니다. 앞으로는 자신이 가진 기술은 물론, 다른 사람과 협업하고 적극적으로 의견을 조율하며 다른 이의 보고서를 이해할 수 있는 문해력과 자신의 의견을 글로 잘 정리하는 글쓰기 능력이 골고루 필요합니다. 이런 역량을 갖추는 것이야말로 AI 시대에 대체 불가능한 인재가 되는 엔지니어의 생존전략이 될 것입니다.

7

상위 1% 일잘러의 글쓰기는 디테일이 다르다

저는 유엔환경계획(UNEP) 산하 '스톡홀름 협약'이라는 국제 협약 당사국 총회에 우리나라 외교대표단으로 5년간 활동했습니다. 총회는 스위스 제네바에서 열리는데, 원형 극장처럼 생긴 거대한 회의장에 전 세계 180여 개 당사국에서 온 외교대표단들이 국가 영문명 순서로 착석합니다. 총회장에서는 공용어인 영어, 프랑스어, 중국어, 스페인어, 러시아어, 아랍어 중 하나로 발언할 수 있고, 발언과 동시에 나머지 언어로 동시통역이 제공됩니다. 자리에 설치된 동시통역기의 채널을 돌리면 이 언어들로 제공되는 동시통역을 들을 수 있지요.

한편, 총회장 밖에 있는 여러 부속 회의장에서는 실무자 회의도 함께 진행됩니다. 이곳에서는 동시통역이 제공되지 않아 영어만 사용합니다. 실무자 회의에서는 협약문을 큰 화면에 띄워놓고 국가별 외교대표단이 의견을 조율하며 수정합니다. 이때 각 국가 외교대표단은 수정하는 단어 하나, 문구 하나에 대단히 민감하게 대응합니다. 개정된 협약문에 적힌 단어, 문구 하나로 인해 자국의 법과 제도를 모두 뜯어고쳐야 하는 경우가 생기기 때문이죠.

법과 제도가 바뀌면 사회, 경제, 산업, 농축산업 등 국민의 삶 모두에 영향을 주는 등 파급효과가 어마어마합니다. 그렇기 때문에 각국 외교대표단들이 협약문 문구 하나, 단어 하나에 온 신경을 곤두세웁니다. 국가별 실익이 갈리는 협약문 조항에서 의견 조율이 안 될 경우에는 험악한 상황이 벌어지기도 합니다. 이런 모습을 보고 있노라면 '외교무대는 총성 없는 전쟁터, 약육강식의 세계'라는 말을 실감하게 됩니다.

상위 1% 일잘러의 글쓰기는, 사소한 단어 하나까지 신경 써서 국제협약문을 작성하는 외교대표단의 방식과 다르지 않습니다. 이러한 사실을 간과한 채 상사가 세밀한 부분을 지적하면 누군가는 '의미만 통하면 되지 세상 쓸데없는 짓 한다'며 상사의 의도를 폄훼하기도 합니다. 특히 엔지니어는 투박함이 미덕이라 생각하며 의도적으로 이런 디테일을 무시하기도 하지요.

그런데 저는 이런 이야기를 들으면 영화《악마는 프라다를 입는다》의 한 장면이 떠오릅니다. 잡지에 실을 제품 사진을 위한 회의에서 직원들이 한데 모여 새 의상에 어울리는 벨트를 찾기 위해 이것저것 비교하고 있는데, 주인공 앤드리아가 느닷없이 웃음을 터뜨립니다. 싸해진 분위기 속에 편집장 미란다가 다음과 같이 말합니다.

미란다   뭐가 우습니?

앤드리아   제가 보기엔 다 같아 보여서요. 전 이딴 게 익숙하지 않아서.

미란다   이딴 거? 넌 보풀이 잔뜩 일어난 스웨터를 입고 대단한 지성이나 갖춘 양 잘난척하는데, 넌 그 스웨터 컬러가 뭔지도 모르고 있지.

그건 단순한 파란색이 아니야. 정확히는 '세룰리안블루'야. 2002년 오스카 드 라 렌타와 입생로랑이 세룰리안블루 컬렉션을 선보였지. 이 컬러는 엄청난 인기를 끌며 백화점 명품 코너를 물들였다가 슬프게도 네가 애용하는 할인매장에서 시즌을 마감할 때까지 수백만 불의 수익과 일자리를 창출했어.

그런데 웃기지 않아? 패션계와 아무 상관없다는 네가 패션계 사람들이 심혈을 기울여 고른 색의 스웨터를 입고 있다는 게?

앤드리아의 눈에는 스웨터가 다른 파란색과 다를 바 없는 색으로 보였을지 모릅니다. 하지만 아주 작은 디테일까지 꿰뚫어 보는 미란다의 눈에는 화려한 역사와 경제적 효과를 창출한 완전히 다른 색으로 보였던 거죠.

우리가 일상에서 사용하는 제품 역시 수많은 사람의 끝없는 고민과 노력의 결과물입니다. 일상생활에서는 절대 맞닥뜨리지 않을 극한의 조건까지 가정해 테스트하고 검증하고 고민하죠. 이런 사소한 부분에 대한 고려가 없었다면 제품 사용자는 위험에 노출되거나 불편함을 호소했을 겁니다.

보고서나 문서는 혼자 보려고 쓰는 게 아니라 읽는 사람이 있기 마련입니다. 그렇다면 성공적인 전달을 위해 치열하게 고민해야 합니다. 물론 이런 디테일을 신경 쓰지 않고도 의미를 전달할 수 있을지도 모릅니다. 하지만 아무도 그런 보고서를 자세히 보고 싶어 하지 않습니다. 대충 쓰면 대충 보기 마련이니까요.

내가 쓴 보고서로 상대방을 설득하거나 상사의 결재를 받고 싶다면 상대방이 보고 싶어하고 읽고 싶어 하는 보고서를 써야 합니다. 어떻게 해야 상대방이 쉽고 빠르게 읽을 수 있을지, 어떻게 해야 내가 원하는 결과를 얻을 수 있을지 끊임없이 고민하고 신경 써야 합니다.

대충 의미만 전달하는 수준의 보고서는 아무나 만들 수 있습니다. 하지만 전달하고자 하는 메시지를 온전히 전달하기 위해서는 디테일이 중요합니다. 늘 상대방의 시각으로 바라보고 어떻게 해야 좀 더 효과적으로 메시지를 전달할 것인지 끊임없이 고민하고 연구해야 합니다. 1%의 일잘러의 글쓰기 비법은 바로 디테일에 신경 쓰는 것입니다.

Chapter 2

유독
글 잘 쓰는
사람의

특징

1

읽는 사람의 입장을 생각해서 쓴다

"지금 열차가 들어오고 있습니다. 손님 여러분께서는 안전선 밖으로 한 걸음 물러나 주시기 바랍니다."

얼마 전까지 지하철 승강장에서 들을 수 있던 안내 방송입니다. 여기서 포인트는 '안전선 밖으로' 물러나라고 한다는 것입니다. 승강장으로 진입하는 열차의 시선에서는 이상할 것 없는 말입니다. 그런데 승객의 관점에서 생각해 보면 이상한 점을 느낄 수 있습니다. 승강장에 서 있는 승객의 시선에서 '안전선 밖'은 선로 안쪽을 의미하니까요. 지금 열차가 들어오고 있어 위험한데 선로 안쪽으로 들어가라니 왠지 섬뜩합니다. 지하철 안내 방송은 승객의 관점에서 송출되어야 합니다. 현재는 대부분의 지하철 승강장에 스크린도어가 설치되어 있어 안내 방송이 바뀌었지만, 듣는 사람의 입장에서 생각하는 것이 얼마나 중요한지를 보여주는 사례라고 할 수 있습니다.

19세기 미국의 사상가 랄프 왈도 에머슨^{Ralph Waldo Emerson}은 "사람들은 자신들이 보고 싶은 것만 본다"라고 말했습니다. 이 말이 시사하듯 우리는 대부분 '나'를 중심으로 생각하는데요, 글을 쓸 때도 마찬가지입니다. 일기는 읽는 상대가 없으므로 그냥 내 생각을 내 방식대로 작성해도 문제가 되지 않지만 그 외의 글은 읽는 사람이 있습니다.

SNS에 끄적인 글은 방문자들이 읽고, 학교에서 쓰는 리포트는 교수님이, 회사에서 쓰는 보고서는 상사가 읽습니다. 그러므로 보고서를 쓸 때는 상사의 입장에서 생각하고 작성해야 합니다. 내가 쓴 보고서의 독자는 상사이고, 나아가 최종 결정권자가 될 수 있습니다. 우리는 그들이 올바른 의사결정을 할 수 있도록 관련된 정보를 제공해야 하고, 그것이 바로 보고서를 쓰는 목적입니다. 특히, 나는 '하나'의 보고서만 작성하지만 상사는 그렇게 받는 보고서가 '여러 개'라는 점을 염두에 두어야 합니다. 따라서 빠르게 내용을 파악하고 의사결정을 할 수 있도록 상사가 궁금해하고 필요로 할 만한 내용으로 작성해야겠죠. '내가 이렇게 열심히 했다'가 아니고요. 상사의 입장에서 보고서를 쓰기 위해 필요한 항목을 구체적으로 정리해 봤습니다.

1. 상사는 무엇을 알고 싶어 할까?

2. 예전에 지시(강조)했던 사항이 있었나?

3. 주장의 논리와 근거가 명확한가?

4. 상사에게 요청할 사항이 있나? 있다면 명확히 언급했나?

   (예: 다른 부서 협조 필요)

5. 예상되는 상황과 이에 대한 대응 방안을 검토했나?

6. 그래서 앞으로 어떻게 할 것인가? (향후 계획)

위 질문에 막힘없이 답을 할 수 있다면 높은 확률로 그 보고서는 한 번에 결재가 날 것입니다.

또한, 보고서를 검토할 상사의 시간을 최소화시켜야 합니다. 영화를 끝까지 다 보기 전까지는 관객은 결말을 알 수 없습니다. 그런데 영화가 시작하자마자 누가 결말을 스포해버리면 허무하고 김이 팍 새죠. 하지만 보고서는 조금 다릅니다. 앞에서 흥미진진하고 장황한 스토리를 늘어놓은 후, 마지막에 가서야 "짜잔~ 제가 말하려고 했던 것은 바로 이거랍니다~! (저 좀 대단하죠?)"라는 식이라면 어떻게 될까요? 상사의 시간을 허비한 죄목으로 된통 깨질 겁니다.

우리는 국어 시간에 글이란 모름지기 기-승-전-결 구조를 갖추고, 사람의 마음을 움직일 수 있도록 써야 한다고 배웠습니다. 하지만 보고서는 문학이 아닙니다. 감동을 줄 필요도 없고 감정에 호소할 필요도 없습니다. 핵심(결과)을 간결하게 전달하면 됩니다. 이게 보고서의 글쓰기입니다.

재미난 예시를 소개하겠습니다. 한때 '렛 잇 고' 열풍을 일으켰던 애니메이션 《겨울왕국》 이야기를 '스토리' 형식과 '보고서' 형식으로 비교해볼까요?

● ● 스토리 형식

아렌델 왕국의 공주인 엘사는 손에서 뿜어져 나오는 기운으로 얼음을 만들 수 있는 신비한 마법을 가지고 태어났다. 어린 시절 엘사는 동생 안나와 놀다가 실수로 얼음 마법이 나오는 바람에 안나가 크게 다치게 된다. 이후 엘사는 죄책감에 시달리며 일부러 안나를 멀리하게 된다.

시간이 흘러 엘사가 여왕이 되는 대관식이 있던 날이었다. 안나가 처음 본 이웃 왕국의 왕자와 결혼을 하겠다고 주장한다. 엘사는 안 된다고 반대했지만 철없는 안나는 자신의 고집을 꺾지 않는다. 엘사는 안나와 언쟁을 벌이다가 화가 폭발하는 순간 손에서 엄청난 얼음 마법이 뿜어져 나왔고, 아렌델 왕국은 일순간에 꽁꽁 얼어붙어버린다.

놀란 엘사는 산속 깊은 곳으로 도망가 버렸고, 한순간에 겨울왕국이 되어버린 아렌델은 농작물이 얼어 죽고 가축들은 폐사하는 등 급작스러운 기후변화로 엄청난 시련을 겪는다. 왕국의 총리는 엘사를 찾기 위해 근위대 예하 해병 수색대를 엘사가 도망간 산속에 긴급 투입하였고, 국가정보원을 통해 마법 해제 방법을 알아냈다. 따라서 엘사의 신병을 확보하는 대로 마법 해제 방법을 알려주고, 얼어붙은 아렌델 왕국의 날씨를 하루속히 원래대로 되돌려 놓으려고 한다.

산속에 파견한 해병 수색대가 엘사를 찾는 과정도 결코 쉬운 과정은 아니었다. 수색에 참여한 안나와 크리스토프는 마침내 엘사가 살고 있는 얼음 궁전 앞까지 찾아갔지만 궁전을 지키는 얼음 괴물의 엄청난 힘에 목숨을 잃을 뻔한다. 크리스토프의 반려 순록인 스벤은 당시 겪었던 공포로 인해 눈사람만 봐도 놀라서 기겁을 하는 등 트라우마에 시달리고 있다.

한편, 왕국에서는 해병 수색대가 엘사를 찾아내는데 얼마나 오랜 시간이 걸릴지 알 수 없고, 수색이 장기화 될 경우 백성들이 식량난으로 큰 어려움을 겪을 것으로 예상된다. 이에 총리는 엘사를 찾아 마법을 풀 때까지 식량난을 해결하기 위해 왕국 창고에 비축해 놓은 곡식과 저장과일, 고기 등을 시중에 최대한 많이 풀어놓을 예정이다.

겨울왕국 기후 위기 해결 방안

> **(보고요지)** 마법으로 발생한 급격한 기후변화 문제를 해결하기
> 위해 엘사 신병 확보 후 마법 해제 방법* 고지·시행 예정
> * 진정한 사랑의 힘

○ **추진 배경** : 원인 미상의 마법 능력을 소유한 엘사는 동생 안나와의
　　　　　　　다툼 중 겨울 마법을 사용하여 아렌델 왕국을 겨울왕국
　　　　　　　으로 만들어버림

○ **현황**

　- 놀란 엘사는 북쪽 산속으로 도주하였으며, 현재 행방불명 상태

　- 급작스러운 기후변화로 인한 농축산업의 피해 수준 심각

○ **추진방향**

　- 북쪽 산속에 해병 수색대를 파견하여 엘사 신병 확보 추진

　- 신병 확보 후 엘사에게 겨울 마법 해제 방법* 고지 및 시행
　　　* 마법 해제 방법: 진정한 사랑의 힘

　- 수색 장기화 대비 비축식량 공급 확대(이달 말까지 농축산물 5,000톤 추가 공급)

○ **기대효과** : 아렌델 왕국의 기후 위기 해결로 생태계 회복과 안정적인
　　　　　　식량 확보

어떤가요? 분명 같은 상황인데 전혀 다르게 느껴집니다. 스토리 형식은 시간의 흐름에 따라 사소한 사건까지 상세히 전개되니 재미가 있을지는 몰라도, 말하고자 하는 바가 분명하게 와닿지는 않습니다. 반면 '겨울왕국 기후 위기 해결 방안'이라는 제목까지 붙인 보고서 형식에서는 '영구 겨울로 인한 기후 위기 문제를 어떻게 해소할 것인지'가 핵심입니다. 안 그러면 다 얼어붙어 굶어죽게 생겼으니까요. 담당자 입장에서는 '안나와 크리스토프가 얼음 괴물과 싸워서 죽을 뻔' 했던 이야기를 꼭 하고 싶을 겁니다. 하지만 보고를 받는 입장에서 그 내용은 군더더기에 불과합니다. 보고서에는 궁극적으로 "기후 위기를 어떻게 해소할 건데?"라는 질문에 대한 답이 있어야 합니다. 결재권자가 원하는 건 그 '방법'인데, 자꾸 엉뚱한 소리만 늘어놓으니 보고서를 다시 써오라고 하는 거죠. 따라서 '해결 방안'을 먼저 이야기해 놓아야 결재권자가 보고서를 읽으면서 그 과정에 대해 폭넓은 시야로 생각을 할 수 있습니다.

상대방과 처지를 바꾸어 생각하라는 '역지사지易地思之'라는 말이 있습니다. 하지만 단순하고 짧게 생각해서는 상대방의 입장을 이해하기 쉽지 않습니다. 상대방의 시선에서, '내가 저 사람이라면 어떤 점이 궁금할까?'라는 질문을 끊임없이 던지며 스스로 답을 구해야 합니다. 내가 쓴 글은 누군가가 읽습니다. 내 생각을 상대방에게 잘 전달하려면 나를 중심으로 쓰는 것이 아닌 상대방의 입장에서 써야 합니다.

간결하고 정확하게 쓴다

좋은 글을 쓰기 위한 방법으로 널리 알려진 '많이 읽고, 많이 쓰고, 많이 생각하라(다독, 다작, 다상량)'는 말이 있습니다. 하지만 도대체 '많이'란 얼만큼을 의미하는 걸까요? 100m를 달려야 하는지 10㎞를 달려야 하는지 아니면 42.195㎞를 달려야 하는지 도통 기준을 알 수가 없습니다. 막막한 나머지 결국 손을 놓아버리기도 합니다. 게다가 사람마다 능력치가 다르기 때문에 '많이'의 정도도 사람마다 제각각입니다. 잘 알려진 방법조차 이렇게 모호하니 가뜩이나 어려운 글쓰기가 더 어렵게 느껴지고 결국 노력조차 포기하는 악순환이 벌어지는 게 아닐까요?

안 그래도 글을 못쓴다고 정평이 나 있는 이공계 출신이라면 더욱 막막할 겁니다. 회사나 학교에서 써야 하는 글은 대부분 사실(fact)을 알기 쉽게 전달하면 되는 글이기 때문에 아름다운 문장을 쓸 일은 없다고 봐도 됩니다. 문학적 작품성이 뛰어난 글이 구글 위성지도를 극사실주의 풍으로 정확히 옮겨 그리는 것이라면, 사실을 전달하는 글은 약도를 그리는 것과 같습니다. 지도를 똑같이 따라 그리는 건 어렵지만, 약도 수준으로 그리는 거라면 누구나 그릴 수 있습니다. 따라서 보고서를 쓸 때는 약도를 그리듯 핵심적인 내용만 쉽고 간결하게 쓰면 됩니다. 약도 그리는데 가로수나 보도블록까지 세밀하게 그리지는 않으니까요.

결혼식 청첩장에는 신랑, 신부의 이름, 부모님 성함, 예식일시, 장소, 그리고 약도를 기입합니다. 하객이 예식장을 찾아오는 데 어려움이 없도록 주요 도로와 큰 건물 위주로 표기되어 있고 교통수단별로 어떻게 오면 되는지가 상세히 안내되어 있어 어지간한 길치라도 예식장을 잘 찾아올 수 있습니다. 즉, 약도에서 전달하고자 하는 핵심 메시지는 '예식장까지 어떻게 도달하느냐'입니다.

그런데 하객이 예식장을 못 찾아올 것을 우려해 지하철 몇 번째 칸, 몇 번째 출입문에서 내려야 하는지, 출구까지 계단이 총 몇 개인지, 출구에서 예식장까지 가로수가 몇 개인지를 일일이 다 기재한다면 어떨까요? 아마 청첩장이 수첩처럼 두툼해질 테고 그걸 받아든 하객은 읽어보고 싶다는 생각이 달아날 겁니다. 제가 너무 과장했나요? 그런데 청첩장을 보고서로 바꾸어 보면, 우리가 그동안 얼마나 어리석게 보고서를 만들어 왔는지를 반성하게 될 거예요. 지난주에 여러분이 보고서를 어떻게 썼는지 가슴에 손을 얹고 아래 체크리스트를 한번 살펴보세요.

□ 내가 노력을 많이 했다는 걸 티 내려고 페이지를 잔뜩 늘려놨다.

□ 내가 한 일을 시간 순으로 나열했다.

□ 문제점만 잔뜩 써놨다.

□ 평소 쓰던 전문 용어나 줄임말을 사용했다.

□ 보고서에서 전하려는 말을 한 문장으로 설명할 수 없다.

몇 가지 항목에 체크를 하셨나요? 어쩌면 전부 체크하신 분이 계실지도 모르겠습니다. 이렇게 작성된 보고서를 받아 든 상사는 보고서를 읽으며 어떤 생각을 했을지를 생각해 봅시다.

상사가 보고서를 보면서 드는 의문	상사가 진짜 원하는 것
뭘 어떻게 하라는 건데?	실무자가 검토해 본 해결책을 원함
하려는 말(핵심)은 언제 나오지?	시간 순 말고 결과를 원함
그래서 비용이 얼마가 드는데?	소요 비용이 궁금함
D/C는 뭐고 A/C는 뭐야? VVVF는 또 뭐고?	일반 용어를 원함

보고서를 작성하려고 워드프로세서의 하얀 화면을 볼 때마다 머릿속도 하얘지는 경험을 한 적이 있을 겁니다. 이는 뭘 써야 할지 몰라서가 아니라 반대로 할 말이 너무 많아서 생기는 현상입니다. 우리는 가지고 있는 정보가 너무 많습니다. 그래서 불필요한 정보는 쳐내고 꼭 필요한 것만 골라내야 하는데, 내가 가진 정보 중에서 무엇을 추려야 할지 선별해낼 안목이 없으니 버리지도 못하고 고르지도 못하게 되죠. 따라서 쉽고 간결한 보고서를 쓰려면 어떤 것을 선택해 강조할 것인지를 선별해낼 수 있는 안목이 필요합니다. 그 안목으로 어떤 걸 강조하고 어떤 걸 쳐내야 할지 판단할 수 있죠.

코넬대학교 영문학과 교수 윌리엄 스트렁크 주니어^{William Strunk, Jr.}와 동화작가 엘윈 브룩스 화이트^{Elwyn Brooks White}가 쓴 《영어 글쓰기의 기본》이라는 책이 있습니다. 전체 분량이 100쪽도 채 되지 않는 이 작은 핸드북은 지난 50년간 미국 MIT 부근의 서점에서 꾸준히 베스트셀러였습니다. 이 책에서는, "문장은 짧고 간결하게 쓰고 불필요한 단어는 제거하라"고 강조합니다. 이 단순한 원칙이 오랫동안 각광을 받던 이유는 당연하게도 실제로 그렇게 쓰기란 생각보다 쉽지 않기 때문일 겁니다.

누구에게나 초보 시절이 있듯, 제게도 글쓰기 초보 시절이 있습니다. 대학원을 다닐 때 야심 차게 시도했던 첫 논문 투고에서 대차게 등재 거부를 당했지요. 현재 저는 그때 등재 거부를 당했던 그 학회지에 논문 게

재를 심사하는 심사위원으로 활동하고 있습니다. 어느 날 논문 검토 요청이 들어와 논문을 검토하고 있었습니다. 의뢰가 들어온 논문을 찬찬히 읽는데, 읽으면 읽을수록 느낌이 싸해집니다. 마음의 평온을 찾고자 애쓰며 담담히 읽어 내려가지만 문장도 지나치게 길고, 도대체 무슨 말을 하려는지 불분명한 문장들이 수두룩합니다. 논문을 검토하는 제 머릿속에는 '웬만하면 수정 후 게재를 할 수 있도록 의견을 줄까? 그래도 이건 좀 아닌데…' 하는 두 가지 마음이 오락가락합니다. 그때 문득 한 생각이 제 머리를 스쳤습니다. '아, 예전에 내 논문을 등재 거부했던 심사위원도 이런 느낌이었겠구나'라고 말이죠.

'인지적 구두쇠cognitive miser'라는 심리학 용어가 있습니다. 1984년 미국 프린스턴 대학교의 수잔 피스크Susan Fisk 교수와 셸리 테일러Shelly Taylor 교수가 제시한 이론으로, 사람들은 최대한 두뇌 에너지를 적게 쓰는 간단한 방식으로 문제를 해결한다는 의미입니다. 마치 과학적인 근거가 별로 없는 혈액형이나 MBTI로 상대방의 성격을 판단해버리는 것과 같은 논리죠. 사람들은 이 인지적 구두쇠 기질로 인해, 주어진 자료를 종합해 논리적이고 합리적인 판단을 하기보다는 가능한 한 최소한으로 생각하고 빠르게 결론을 내리는 방향으로 해결하려 한다는 거죠.

보고서를 읽는 상사도 여러분이 작성한 보고서를 웬만해선 집중해서 읽지 않습니다. 그거 말고도 신경 써야 할 일이 많기 때문에 최소한의 노력으로 빨리 끝내려고 하지요. 여러분이 회의 중에 수첩에 아무 의미없는 선을 긋고 상자를 그리며 딴생각을 하고, 판매사원이 아무리 열과 성을 다해 설명을 해도 머릿속으로는 딴생각을 하고 있는 것도 우리 모두가 인지적 구두쇠이기 때문입니다.

메시지는 늘 간결하고 정확해야 합니다. 장황한 추진 배경, 자신이 고민한 과정들을 보고서에 구구절절 늘어놓지 말고 양궁 선수가 과녁을 향해 화살을 쏘듯 전달하고자 하는 바를 정확히 노려야 합니다. "밖이 좀 춥습니다"보다는 "바깥 온도가 영하 10도입니다"로, "조금 더 가다가 우회전"보다는 "300m 앞 우회전"처럼 정확하고 명료하게 설명해야 합니다. 이것이 우리가 전달하고자 하려는 메시지를 손실 없이 정확하게 전달할 수 있는 가장 확실한 방법입니다.

3

전하고자 하는 메시지가 명확하다

1990년대 이전의 광고를 보면 주로 제품이나 서비스의 기능과 특장점을 부각하는 형태의 광고가 주를 이루었습니다. 하지만 요즘 우리가 보는 광고는 어떤가요? 물론 지금도 그런 광고가 있지만 대부분 제품이나 서비스의 이미지를 전달합니다. 음료수 광고만 해도, '이 제품의 과즙 함량은 몇 %고 어디에 좋다' 같은 내용은 전혀 담겨 있지 않습니다. 매력적인 외모의 모델이 광고할 상품을 들고 감각적인 표정과 자세를 취하다가 맨 마지막에 상표를 딱 한 번 보여주고 끝나는 경우가 많죠.

15초짜리 TV 광고 송출 비용이 적게는 몇백만 원에서 많게는 몇천만 원씩 하는데, 이런 광고를 보면 '저렇게 이미지만 보여줘도 되나?' 하는 생각이 들기도 합니다. 그러나 이런 광고 영상 한 컷, 구도 하나마다 고도의 기술이 들어갑니다. 그 결과 편의점에서 해당 음료를 보면 광고 이미지가 떠올라 구매로 이어지기도 하는 거죠. 아무 메시지도 없는 듯했던 광고에 명확한 메시지가 있던 것입니다.

만약 한 전동 공구 회사에서 야심 차게 출시한 전동 해머드릴을 광고하는데, '이 제품은 18V 전압에 최대 회전수 2,000rpm의 강력한 파워로 13㎜ 두께의 석재도 가뿐히 뚫을 수 있습니다!'라고 광고한다면 어떨까요? 아마 대부분의 고객은 18V가 어느 정도인지도 모르고 13㎜의 석재를 뚫는다는 게 얼마나 대단한 성능인지 잘 와닿지 않을 겁니다. 그냥 제품의 특장점만 끊임없이 쏟아내는 구시대적 광고 멘트일 뿐이죠.

그런데 만약 '당신의 소중한 추억을 간직하도록 도와드립니다'라는 메시지와 함께 벽걸이 액자가 걸려있는 사진을 옆에 걸어놓았다면 어떨까요? '가족과의 추억이 담긴 액자를 당신의 시선이 잘 닿는 곳에 둘 수 있도록 우리 제품(전동 해머드릴)이 도와줄 수 있다'는 메시지를 준다면, 고객의 마음을 움직일 수 있지 않을까요?

세계적인 기업으로 성장한 삼성전자는 1990년대까지만 해도 그저 그런 회사 중 하나였습니다. 1993년 세탁기 조립공정에서 부품이 잘 맞지 않자 즉석에서 칼로 깎아 맞추는 영상을 본 고故 이건희 회장은 불같이 화를 내며 "마누라와 자식만 빼고 다 바꿔라"라고 지시한 것으로 유명합니다.

뿐만 아니라 삼성 스마트폰 갤럭시 시리즈의 전신인 애니콜도 1995년 출시 초기 높은 불량률을 보이자, 이미 판매된 제품까지 전량 회수해 15만 대에 달하는 휴대폰을 모두 불태워 버리며 품질경영을 선언했죠. 이건희 회장은 여기서 복잡한 메시지를 전하지 않았습니다. '마누라', '자식', '화형식'과 같은 익숙하면서 상징적인 단어를 선택해 '품질경영'이라는 강렬한 메시지를 던졌습니다. 만약 이건희 회장이 이렇게 강렬한 메시지를 전달하지 않았다면 지금의 삼성전자는 없었을지도 모릅니다.

명확한 메시지의 특징은 다름 아닌 간결함입니다. 잔가지들은 다 쳐내고 핵심 메시지에 집중해야 합니다. 신세계에서 출시한 '노브랜드 버거'도 구구절절한 메시지를 다 쳐내고 "돈을 왜 더 내? 이걸로 충분한데(Why pay more? It's good enough)"라는 짧지만 강렬한 슬로건을 내걸고 공격적인 마케팅을 펼치고 있습니다. '우리는 맥도날드나 버거킹 같은 유명 브랜드와 달리, 소비자들에게 합리적인 가격으로 맛있는 햄버거를 제공하고 있습니다'와 같은 구구절절한 설명이 필요 없죠. 이처럼 핵심 메시지가 명확하면 상대방에게 의미손실 없이 바로 전달할 수 있습니다.

한편, 명확한 메시지를 전달하는 데 걸림돌이 되는 요소 중 하나는 바로 어려운 '전문 용어'입니다. 워크플레이스 기술 분야의 세계적인 권위자이자 전문 기조연설가인 필 사이먼Phil Simon은 그의 저서 《메시지가 전달되지 않는 이유Message Not Received》에서 비즈니스 커뮤니케이션이 제대로 이뤄지지 않는 가장 큰 원인은 '자신들만 쓰는 전문 용어' 때문이라고 지적합니다.

각 분야마다 실무자들이 쓰는 다양한 전문 용어가 있습니다. 특히 편의상 영문 약자로 쓰는 용어들이 많죠. 이런 전문 용어나 약자의 경우 담당자들은 일상적으로 쓰기 때문에 무심코 보고서에 담기도 합니다. 하지만 이런 전문 용어를 모든 사람이 알 수는 없습니다. 특히 직급이 높아질수록 다양한 영역의 업무를 총괄하게 되고 임원 정도 되면 서로 전혀 다른 성격의 업무를 수행하는 부서들을 총괄해야 하기에 모든 분야의 전문 용어를 다 알 수가 없습니다. 따라서 글을 쓸 때는 중학생도 이해할 수 있도록 쉽게 풀어써야 합니다.

상사는 늘 바쁘기 때문에 왼쪽으로 갈지, 오른쪽으로 갈지 빠르게 의사결정을 할 수 있는 보고서를 써야 합니다. 부장님은 현재 상황에서 좌회전이 나은지, 우회전이 나은지를 알고 싶은데, 한남대교 건설 공법이나 서빙고라는 이름의 유래에 대해 장황하게 설명하고 있다면 부장님은 어떤 생각이 들까요? 안 그래도 시간은 촉박하고 결정할 사안이 가득한데 이런 보고서를 읽고 있으면 가슴이 답답해지겠죠. 시간을 돌려 우리가 부장님한테 혼난 이유를 잘 생각해 봅시다.

처음부터 전달하고자 하는 메시지가 명확한 보고서를 쓴다는 건 여간 힘든 일이 아닙니다. 우선 메시지를 '한 문장으로 쓰기'부터 시작해 봅시다. 그런 다음 '내가 이 보고서를 받는다면 어떤 점이 가장 궁금할까?'를 생각하며 보고서에 살을 붙여나가는 거죠. 무슨 말을 하는지 알 수 없고 횡설수설하는 가장 큰 이유가 바로 핵심 메시지가 없기 때문이거든요. 핵심 메시지가 없으니 이 말도 써야 할 것 같고 저 말도 써야 할 것 같다는 생각에 보고서가 점점 길어지는 것입니다. 이런저런 내용을 다 담다 보면 많은 내용이 담길지는 모르겠지만 그만큼 읽는 사람은 더 힘들어집니다. 핵심 내용을 어떻게 하면 간결하게 전달할지 고민할수록 보고서의 내용은 간단해집니다.

4

쓰기 위해 읽고, 읽기 위해 쓴다

'사흘 연휴'라는 표현을 두고 "왜 3일 연휴를 사흘이라고 하냐"는 말이 한때 논란이었습니다. 심지어 '사흘'이라는 단어가 실시간 검색어 1위를 차지하기까지 했죠. 저는 이걸 보고, '아! 저렇게 생각할 수도 있겠구나!' 라는 생각이 들었어요. 이뿐만이 아니라 '심심한 사과'라는 표현을 두고 "사과를 하는데 심심하다니!", "제대로 사과해라" 등의 비난이 쏟아지기 까지 했습니다.

2021년 EBS에서 방영한 '당신의 문해력'이라는 프로그램에서 전국 중학교 3학년 학생 2,400여 명을 대상으로 실시한 조사에서 놀라운 결과 가 나왔습니다. 어휘력 평가 결과 단 10%만이 스스로 공부할 수 있는 수 준이고 11%는 초등학생 수준밖에 되지 않는다는 충격적인 결과였죠. 상 당수의 학생이 부족한 어휘력으로 인해 교과서 내용을 혼자서 읽고 이해하지 못한다는 의미이고, 결국 학습 부진의 결정적인 원인이 된다는 점을 시사합니다.

학교 선생님들은 중학생들의 미흡한 어휘 수준으로 인해 수업 내용을 따라오지 못하는 기가 막힌 상황을 마주하고 있습니다. '고지식하다'를 '고(高)지식하다'로 이해하고, '당근이지'는 알아도 '당연하지'는 이해 못하는 그런 상황 말이죠.

어휘력 부족은 비단 학생들만의 문제가 아닙니다. 회사 내에서도 '수신', '발신', '참조'의 뜻을 모르거나, '유선상', '금일', '기인하다'와 같은 단어의 뜻을 모르는 신입사원들을 어렵지 않게 찾아볼 수 있습니다. 이런 현상의 가장 큰 원인으로 지목되는 것이 바로 독서 부족입니다. 책을 읽어도 무슨 말인지 모르니 더 안 읽게 되고, 그 악순환으로 어휘력과 문해력은 더욱 감소하는 거죠. 짧은 글과 영상으로 즉각적인 반응을 유도하는 SNS에 더 열광하고, 끝내 글 자체를 멀리하게 됩니다.

문화체육관광부의 '2023년 국민독서실태조사' 결과에 따르면 성인의 종합독서율은 43%로 10명 중 6명이 1년간 책을 단 한 권도 읽지 않는 것으로 나타났습니다. 이는 교과서, 학습지, 수험서, 잡지, 만화를 다 포함한 수치이며 2013년도 결과인 72.2%에서 지속적으로 하락하고 있다는 점에서 그 심각성을 느낄 수 있습니다. 책을 안 읽으니 깊은 생각을 잘 안 하게 되고, 생각을 글로 풀어내지 못하니 AI에 의존하려 드는 악순환이 반복되죠. 그런 의미에서 이 책을 읽고 있는 여러분들은 이미 상위 10%에 해당하는 분이라고 할 수 있겠네요.

《AI 시대의 고등교육》의 저자 조지프 E. 아운^{Joseph E. Aoun}은 "관찰하고 되돌아보고 종합할 줄 아는 비판적 사고와 여러 분야를 넘나드는 시스템적 사고를 해야 한다"고 말합니다. 이것이 바로 기계가 하지 못하는 일입니다. 컴퓨터는 인간이 절대 따라갈 수 없는 어마무시한 계산 능력을 가지고 있기 때문에 천문학적인 수치들을 순식간에 계산해 기후변화 모델링을 해낼 수 있어요. 하지만 그렇게 나온 모델링 결과를 토대로 기후변화 대비 정책을 마련하고 실제로 실행하는 것은 오로지 인간만이 할 수 있죠. 따라서 우리는 AI가 도출해 낸 결과를 토대로 결정을 내리고 실행할 수 있는 비판적 사고능력을 키워야 합니다. 그렇다면 이런 사고 방식은 어떻게 키워나가야 할까요?

무언가를 배우거나 익힐 때 아무런 목표가 없으면 설렁설렁 하지만 시험을 치르거나 테스트를 받아야 하면 자세부터 달라집니다. 시험을 본다는 건 추후 내 머릿속에 있는 걸 꺼내야 함을 의미하기 때문에 뇌는 이를 위해 적극적으로 정보를 받아들이기 시작합니다. 공부는 인풋, 시험은 아웃풋을 의미합니다.

이것을 독서와 글쓰기로 바꾸어 설명하면 독서는 인풋, 글쓰기는 아웃풋에 해당합니다. 책을 읽으면 뇌에 정보가 입력되며 지식이 늘어나지만, 책을 읽었다고 해서 삶이 드라마틱하게 달라지지는 않습니다. 그러나 글을 쓰거나 누군가에게 설명하면 즉시 우리 삶에 변화가 생기기 시작합니다.

수영, 스케이트, 스키, 자전거 타기, 운전의 공통점이 뭔지 아시나요? 한 번 배우면 오랜 시간이 지나서 다시 하더라도 금방 몸이 반응하고 기억한다는 점입니다. 배우기 위해 몸을 써야 했기 때문입니다. 몸을 쓰는 과정에서 배운 것이 완전히 체화됩니다.

우리는 일상에서 대화로 충분한 의사소통이 가능합니다. 그런데 신기하게도 전화나 회의에서 오간 내용을 글로 옮겨보면 비문투성이에 어색하기 그지없어요. 그래서 이 내용을 회의록처럼 남기기 위해서는 수정하고 정리하는 수고를 들여야 합니다. 바로 이 지점에서 글쓰기의 중요성을 확인할 수 있습니다. 무언가를 읽어 머릿속에 정보가 들어오면 처음에는 연못 위에 떠다니는 개구리밥처럼 그냥 둥둥 떠다닙니다. 이런 조각들을 실로 얼기설기 엮어 끄집어내는 것이 '말하기'이고, 뜨개질하듯 촘촘하게 엮어내는 것이 '글쓰기'입니다.

뜨개질용 실만 덩그러니 있을 때는 아무 의미도 없지만 한 땀 한 땀 뜨개질을 하면 실은 목도리가 되기도 하고 털모자가 되기도 하지요. 글을 쓰는 과정에서 생각의 파편들은 촘촘하게 엮이며 절대 풀어지지 않는 단단한 형태가 됩니다.

여러분은 혹시 어제 동료가 무슨 옷을 입고 있었는지, 지난주 수요일 먹었던 점심 식사 메뉴가 뭐였는지 기억하나요? 아마 기억하지 못할 겁니다. 하지만 집 주소, 이메일 주소는 기억하지 않나요? 이건 바로 머리에 입력된 정보가 중요한지를 따져본 후 별로 중요하지 않다고 생각하는 정보는 잊기 때문입니다.

뇌에 입력된 정보는 해마라는 곳에 임시 저장해 놓았다가 불필요하다고 판단되면 지워버리고, 중요하다고 판단되면 측두엽이라는 곳으로 보내 장기 보관합니다. 특히 자주 사용하는 정보일수록 신줏단지 모시듯 고이 보관합니다. 그래서 영어 단어나 문장도 자주 사용할수록 기억에 오래 남고 읽은 책도 누군가와 토론을 하거나 글로 정리를 하면 뇌리에 확실하게 남죠.

글쓰기를 염두에 두고 책을 읽는 것과 아무런 목적 없이 그냥 읽는 것은 확연한 차이가 있습니다. 읽은 책 내용을 글로 써보세요. 분명 아는 줄 알았는데 실은 제대로 아는 게 아니었다는 사실을 발견할 수 있습니다. 그러면 다시 한번 책 내용을 확인하게 되고 이 과정을 반복하며 엄청난 성장을 경험하게 됩니다. 쓰기 위해 읽고, 읽기 위해 쓰는 과정에서 내적 성장을 하는 놀라운 경험을 여러분도 해보시기 바랍니다.

5

사람을 끌어당기는 매력이 있다

　우리는 누구나 매력적인 사람이 되기를 원하고, 매력 있는 사람에게
끌리기 마련입니다. 매력이란 사람의 마음을 잡아끄는 힘인데 한자를
보면 '도깨비 매(魅)'를 쓰고 있습니다. 도깨비처럼 사람의 마음을 잡아
끄는 힘이 매력인 듯합니다. 현대사회에서 매력은 신용과 함께 가장 강
력한 경쟁력 중 하나로 손꼽힙니다.

　'매력' 하면 가장 먼저 떠오르는 건 단연 외모겠죠. 소개팅을 나가거나
사회생활을 하면서 누군가를 처음 만났을 때 가장 먼저 눈에 들어오는
게 외모니까요. 하지만 외모가 아무리 뛰어나도 성격이 별로라면 매력이
없다고 느껴질 겁니다. 매력 요인은 사람마다 각각의 기준이 있고 상대
적이고 주관적이기 때문에 한우 등급 매기듯 수치화할 수는 없습니다.
따라서 개인이 가지고 있는 특장점을 최대한 살리고, 쉽게 변할 수 있는 외적 매력보다는 쉽사리 변하지 않는 내적 매력을 키우면 각자의 매력을 발산할 수 있습니다.

내적 매력을 크게 좌우하는 요소 중 하나는 바로 '자신감'입니다. 내면에서 피어오르는 강한 자신감은 아이언맨의 심장에 깊이 박힌 아크 원자로의 불빛처럼 감추려 해도 밖으로 드러나기 마련입니다. 제아무리 엄청난 장점을 가지고 있어도 자신감 없이는 장점을 부각시키지 못하고 작은 단점에 집중해 스스로를 단점투성이로 만들곤 합니다. 그뿐만 아니라 자신감이 없으면 내가 가진 매력을 다른 사람들에게 당당하게 드러낼 용기도 내지 못합니다. 결국 매력은 자신감에서 나오는 것입니다.

예전에 자문 회의를 앞두고 점심 식사를 하다가 김칫국물이 와이셔츠에 튄 적이 있습니다. 평소 같으면 앞치마를 하고 먹는데 그날따라 앞치마를 안 한 탓이죠. 식사 후 회의에 참석했는데 와이셔츠에 튄 김칫국물이 여간 신경 쓰이는 게 아니었습니다. 회의 참석자들 가운데 제 와이셔츠에 김칫국물이 튀었는지를 아는 사람은 아무도 없었을 텐데, 혼자 괜히 움츠러들었습니다. 오로지 나 혼자만 신경 쓰고 있는 김칫국물 하나 때문에 제가 가진 수많은 매력과 장점을 스스로 깎아내린 날이었죠.

자신감은 성격에서만 드러나는 것이 아니라 글에서도 드러나기 마련입니다. 자신감에 가득 찬 마음으로 쓴 글은 다른 사람들이 읽어도 기분이 좋고 매력적으로 느껴집니다. 글쓴이가 쓴 다른 글도 읽어보고 싶고 배울 점이나 본받을 점을 찾기 위해 자꾸 더 다가가고 싶은 생각이 듭니다. 글은 자신의 생각을 텍스트로 표현한 것이기에 내면을 강한 자신감과 멘탈로 무장했다면 글에서도 드러날 수밖에 없습니다. 마찬가지로 매력은 회사나 학교에서 보고서를 쓸 때도 당연히 드러나기 마련입니다. 하기 싫어서 억지로 쥐어짠 보고서는 보는 순간 티가 확 나죠.

반면, 보고서에 담을 메시지에 대해 치열하게 고민하고 상대방에게 어떻게 해야 잘 전달할지를 고민한 보고서는, 읽기 시작한 순간부터 읽는 사람을 빠져들게 만듭니다. 저는 종종 설계심의 평가 위원으로 참석해서 여러 업체가 제출한 설계도서와 보고서를 평가하곤 합니다. 평가대상 업체들 모두 최선의 노력으로 좋은 설계를 했겠지만 평가이기 때문에 어쩔 수 없이 순위를 매겨야만 하죠. 따라서 어떤 업체의 설계가 더 나은지를 비교하게 되는데, 설계도서와 보고서를 유심히 살펴보면 서바이벌 오디션 프로그램 참가자들처럼 자신의 끼를 최대한 발휘하기 위해 노력하는 듯한 느낌을 받습니다.

평가대상 업체는 자사의 설계가 채택될 수 있도록 설계도서뿐만 아니라 보고서에도 자신들의 설계와 적용할 공법의 특장점을 최대한 부각합니다. 또한, 자신들이 하고 싶은 말만 일방적으로 하는 것이 아니라 어떻게 하면 평가 위원들에게 자사의 설계를 매력적으로 보일지 철저히 고민하며 평가 위원 관점에서 작성합니다. 비슷한 조건이라면 조금이라도 더 매력적으로 보여야 평가 위원들의 선택을 받게 될 테니까요.

2021년 미국 미시간 대학교 맥심 사이치Maxim Sytch 교수와 홍콩과학기술 대학교 김용현 교수는 상대방의 언어 습관을 모방하는 행동이 얼마나 설득력 있는지를 연구했습니다. 연구진은 미국의 특허 침해소송과 관련된 1,821건의 재판기록에 포함된 2,500만 개가 넘는 단어를 분석해 판사와 변호사의 글쓰기 스타일이 재판 결과에 어떤 영향을 미쳤는지 살펴보았죠.

분석 결과 재판 담당판사의 문체를 감안하여 소장과 준비서면을 작성한 변호사의 경우, 원래 본인의 승소율에 비해 무려 두 배 이상 높은 것으로 나타났습니다. 다시 말해, 상대방에게 익숙한 방식으로 표현하면 목표를 달성할 확률이 높아진다는 거죠.

연애를 할 때 상대방과 나의 공통점을 끊임없이 찾아내는 것도, 처음 만난 사람이 같은 고향이나 같은 학교 출신이면 괜히 반가운 것도 같은 이치입니다. 상대방을 설득하려면 상대방을 내 편으로 만들어야 합니다. 내 편으로 만들려면 동질감을 느끼게 해야 하고 그러려면 상대방에게 익숙한 언어를 사용하여 호감을 갖도록 해야 합니다.

이 방법은 회사에서 보고서를 작성할 때에도 동일하게 적용됩니다. 상사의 스타일을 파악해 그에 맞게 작성하면 상사의 호감을 얻어 결재를 받을 확률이 높아지겠죠. 사람은 동질감을 느낄 때 호감이 생기기 마련이니까요.

  동질감을 느끼게 만들 포인트는 생각보다 쉽게 발견할 수 있습니다. 예를 들면 '규모의 경제'라는 말 보다는 '라면 한 봉지 값보다 5개 묶음 판매용이 저렴한 것과 같은 이치예요'라고 이해하기 쉽게 설명하는 거죠. 이런 식으로 상대방에게 익숙한 용어로 바꿔주기만 해도 내가 쓴 글, 내가 쓴 보고서의 매력을 크게 높일 수 있습니다.

  사람을 끌어당기는 매력은 우리가 살아가는 데 있어 반드시 필요한 요소입니다. 매력을 발산하기 위해서는 가장 먼저 내면 깊은 곳에 자리한 자신감이 강한 빛을 발산할 수 있도록 해야 합니다. 내면에서 뿜어져 나오는 강한 자신감은 마음과 생각을 보다 긍정적으로 이끌어 더욱 멋진 삶을 살게 해줄 것입니다.

6

생각을 잘 정리하고 표현할 줄 안다

우리는 깨어있는 동안 끊임없이 생각합니다. 아침에 눈을 떠서 밤에 잠드는 순간까지 말이죠. 아니, 심지어 잠을 자면서도 꿈이라는 형태로 생각하고 있으니 사실상 우리가 세상을 떠나는 순간까지 생각은 끊이지 않는다고 봐야겠네요. 수많은 생각들 중 중요한 내용을 정리해 글로 표현하는 것은 힘든 일입니다. 그래서 지금 이 순간에도 자신이 생각한 내용을 Chat GPT 같은 AI에게 정리하도록 하는 일이 심심치 않게 벌어지고 있지요.

생각을 정리할 수 없으면 말도 조리 있게 할 수 없습니다. 말을 잘하려면 먼저 머릿속에 흩어져 있는 생각을 잘 정리해야만 하니까요. 조리 있게 말을 할 수 없다면 글로 표현하는 것은 더더욱 불가능합니다. 설령 글로 표현한다 해도 무슨 말인지 이해할 수 없는 복잡한 글일 거고요. 게다가 자신의 생각을 정리하지 못하면 해야 할 일을 체계적으로 정리할 수 없기 때문에 제대로 된 계획을 세울 수도 없고 잦은 실수로 인해 많은 스트레스를 받게 됩니다.

하지만 생각 정리에 관한 고민이 무색하게 '배고프다(자극), 뭐 먹지?(반응)'와 같은 단순한 생각으로 하루하루를 살아가는 사람들이 많아졌습니다. 원인은 다름 아닌 인터넷과 스마트폰의 출현 때문입니다. 인터넷과 스마트폰이 없던 시절에는 필요한 자료를 찾으려면 도서관에서 책을 찾아 보거나 신문을 통해 정보를 습득했습니다. 그 시절에는 궁금증이 생겨도 지금처럼 즉각 해결할 수 없었기 때문에 정보를 찾는 과정에서 어쩔 수 없이 생각을 할 수밖에 없었죠.

하지만 지금은 어떤가요? 궁금한 것이 있으면 즉시 스마트폰을 꺼내 검색합니다. 강의를 하며 학생들과 이야기를 나누다 보면, 궁금한 점이 있거나 조금만 생각해 보면 답을 낼 수 있는 문제에 대해 깊이 생각하지 않고 즉각적인 답을 원하는 것을 쉽게 관찰할 수 있습니다. 그만큼 스마트폰 의존도는 더욱 높아지고 머리를 쓸 일은 더 없어지겠죠. 스마트폰을 잃어버리면 자주 연락하던 사람의 연락처조차 기억하지 못하는 일도 자주 일어납니다.

《생각하지 않는 사람들》의 저자 니콜라스 카[Nicholas G. Carr]는 자신의 저서에서 인터넷과 스마트폰의 발달로 인해 현대인은 점점 생각하는 힘을 잃고 있다고 경고합니다. 더욱이 AI의 발달로 이미 많은 사람들이 AI를 '활용'이 아닌 '의지'하고 있다는 점에서 그 심각성이 대두되고 있지요. AI를 활용하는 것과 의지하는 것은 엄청난 차이가 있습니다.

저는 강의에서 학생들에게 과제를 내줄 때 AI를 적극적으로 활용하기를 권하는데, 이는 AI가 잘하는 부분은 AI에게 맡기고 스스로 할 수 있는 영역에 집중하라는 의도입니다. 내가 아무리 삽으로 땅을 잘 판다 하더라도 굴삭기를 따라갈 수는 없습니다. 그러므로 우리는 어디를 얼마나 파야 하는지를 생각하고 판단해서 굴삭기에게 명령할 수 있는 능력을 키우는 데 집중해야 합니다. AI에게 어떤 일을 어떻게 시켜야 내가 원하는 결과물을 낼 수 있는지 생각하고 명령하고 그 결과를 잘 활용할 수 있는 사람과 그렇지 않은 사람의 격차는 무서울 정도로 벌어질 것입니다.

SNS 회사의 목적은 많은 사람이 최대한 자주 그리고 오랫동안 자신들의 플랫폼에 머물도록 하는 것입니다. 이 목적을 달성하기 위해 최고의 인재들을 영입하고 연구하며 소비자를 유혹하고 있지요. 인간의 심리를 철저히 분석해 만들어진 서비스이기에 거기서 헤어 나오기란 사실상 불가능에 가깝습니다.

SNS가 꼭 어두운 측면만 있는 것은 아닙니다. 나만의 고유한 생각으로 독창적인 콘텐츠를 생산해낸다면 이보다 더 좋은 플랫폼은 없으니까요.

자신의 생각이 잘 정리되면 그걸 프레젠테이션, 영상, 글 등 다양한 방면으로 활용할 수 있습니다. 따라서 자신의 생각을 잘 정리하는 일은 모든 것의 시작이라고 할 수 있겠죠.

눈에 보이지 않는 생각을 정리하기란 결코 쉬운 일이 아닙니다. 만약 전달하려는 메시지가 있다면, 우선 핵심 메시지를 단 한 문장으로 정리해 보세요. 그런 후 이 핵심 메시지를 뒷받침하기 위한 내용들을 생각정리 도구를 이용해 머릿속에 떠돌아다니는 생각들을 밖으로 꺼내어 정리합니다.

이때 가장 효율적으로 쓰이는 도구에는 대표적으로 '로직트리'와 '마인드맵'이 있습니다. 이 두 가지는 실제 업무를 하는 데에도 정말 많이 쓰이는 방식입니다. 흩어져 있는 생각을 비슷한 것끼리 묶어 정리하는 것이죠. 이렇게 정리를 하면 흩어져 있던 것들이 어떤 주제로 묶여 있는

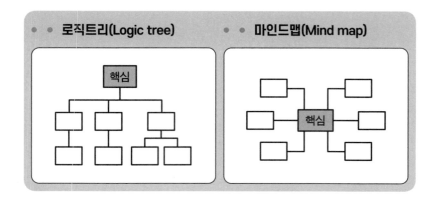

지 한눈에 볼 수 있습니다.

실생활에 적용할 만한 예를 들어보겠습니다. 여러분이 캠핑에 가기 위해 필요한 물건의 목록을 적는다면 다음과 비슷할 겁니다.

삼겹살	숯	석쇠	상추	마늘	라면
부탄가스	김치	모기약	맥주	휴지	버섯
콜라	은박지	지퍼백	키친타올	닭고기	나무젓가락
고추	생수	수박	얼음	소시지	목장갑

만약 지금 나열한 순서대로 쇼핑을 한다면 어떨까요? 아마도 마트 안에서 엄청나게 돌아다녀야 하고 혹여 빠뜨린 게 없는지, 더 사야할 것은 없는지 정리가 제대로 안 될 겁니다.

하지만 이걸 비슷한 것끼리 묶으면 어떨까요? 예컨대 먹을 것과 먹을 수 없는 것으로 구분한다면 이렇게 구분할 수 있을 거예요.

먹을 것	먹을 수 없는 것
삼겹살, 상추, 마늘, 라면, 김치, 맥주, 버섯, 콜라, 닭고기, 고추, 생수, 수박, 얼음, 소시지	숯, 석쇠, 부탄가스, 모기약, 휴지, 은박지, 지퍼백, 키친타올, 나무젓가락, 목장갑

그리고 다시 육류(삼겹살, 닭고기), 과채류(상추, 마늘, 고추, 버섯, 수박), 음료(생수, 맥주, 콜라, 얼음), 가공식품(소시지, 라면, 김치)으로 나누고, 생활용품은 여행용품(숯, 석쇠, 부탄가스, 은박지, 목장갑, 모기약), 주방용품(휴지, 키친타올, 지퍼백, 나무젓가락)으로 나눈다면 이렇게 구분할 수 있어요.

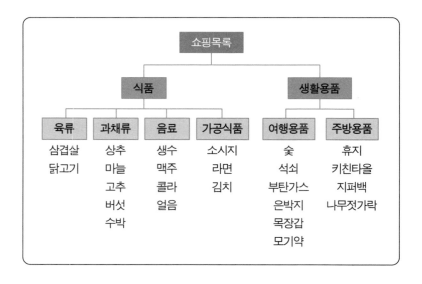

이렇게 비슷한 것끼리 묶으면 전체적인 틀이 머릿속에 들어오기 때문에 기억하기도 쉽고 빠뜨리는 것 없이 체계적으로 챙길 수 있습니다.

로직트리 방식으로 작성된 문서에는 대표적으로 '개조식' 문서가 있습니다. 개조식 문서는 현황, 문제점, 대응책, 향후 계획과 같은 굵직한 핵심 개념이 로직트리 형태로 구성되어 있어 전달하고자 하는 바가 어떤 구조인지, 무슨 내용을 어떻게 전달하려는지를 한눈에 파악할 수 있는 장점이 있습니다.

● ● 개조식 보고서 사례

Ⅰ. 추진 경위

□ 정부는 '22~'23년 수립된 중장기 주거정책에 따른 후속조치 등과 부동산 정상화를 비롯한 국정과제를 차질 없이 이행 중

ㅇ 5년간('23~'27) 270만호 공급계획('22.8), 공공분양 50만호 공급계획 ('22.10) 등 주거정책을 수립하고 규제 합리화 등 제도개선 추진

ㅇ 취약계층 주거안전망 확보, 저출산 극복, 주택공급 활성화 등 국민 주거안정 실현을 위한 다양한 주거계획들도 발표

  * 저출산 극복을 위한 주거지원방안('23.8), 주택공급 활성화 방안('23.9) 등

ㅇ 시장 과열기 도입된 각종 부동산 규제들을 정상화하여 실수요자 내집 마련 기회 확대, 도심 공급 활성화 도모

  * 규제지역 해제, 안전진단 기준 개정('23.1), 재건축초과이익환수법 개정('23.12) 등

□ 금년에도 「국민과 함께하는 민생토론회」와 연계하여 다양한 주거 지원 계획을 수립

ㅇ 주택공급 규제 혁파 및 지원 강화를 위해 두 번째 민생토론회 (1.10)에서 「주택공급 확대 및 건설경기 보완방안」 발표

ㅇ 재개발 등이 어려운 노후 저층 주거지에 소규모정비 + 편의시설 패키지 지원을 위한 「뉴:빌리지」 사업 도입(3.19, 21차 민생토론회)

출처: 국토교통부, 2024년 주거종합계획

앞으로 자신의 생각을 잘 정리하고 표현할 줄 아는 능력은 더욱 중요해질 것입니다. 그리고 이러한 능력이 있는 사람과 그렇지 않은 사람과의 격차는 무서울 정도로 점점 더 크게 벌어질 것이고요. 생각을 체계적으로 정리할 수 있는 생각 정리 도구인 로직트리와 마인드맵을 잘 활용해서 누구에게나 나의 생각을 잘 전달할 수 있는 능력을 키워나가 보시기 바랍니다.

7

자신만의 글쓰기 기준과 원칙이 있다

저는 간혹 학생들에게 왜 이 전공을 선택했는지, 졸업 후에는 무엇을 할 것인지, 왜 그것을 하려고 하는지 등을 물어보곤 합니다. 다양한 대답이 나오긴 하지만 왜 그렇게 생각했는지 몇 단계만 깊이 들어가면 제대로 대답을 못 하는 경우가 많습니다. 취업이든 대학원 진학이든 각자 자신의 전공을 선택한 이유가 있을 테지만 스스로 결정을 내린 경우보다는 부모님의 권유나 주변 시선과 같은 사회적 시선이나 압력으로 인해 등 떠밀리듯 내린 결정인 경우가 대부분입니다.

반면, 정말로 내면에서 끓어오르는 열정으로 불타오르는 학생들도 있습니다. 이런 학생들은 왜 그런 결정을 내렸는지 확고한 이유가 있기 때문에 확실한 기준과 원칙을 가지고 행동합니다. 그래서인지 성적도 우수하고 목표를 이루기 위한 다양한 시도를 통해 스스로 기회를 만들죠.

이유나 목적 없이 행동하는 사람은 없습니다. 때로는 '그냥'이라고 말하는 경우도 있지만 마음 깊은 곳에는 진짜 이유가 숨어있습니다. 근거가 확실하면 뿌리 깊은 나무처럼 바람이 불어도 끄떡없이 자신만의 중심을 잡을 수 있지만 확실한 이유가 없으면 낙엽처럼 바람 따라 휘둘리기 마련입니다.

스스로에게 물어봅시다. '나는 왜 이 직업을 가지고 있을까?', '왜 이 전공을 선택했지?', '왜 이 책을 읽고 있지?'라고요. 궁극적으로는 돈을 많이 벌고 싶기 때문일 겁니다. 하지만 돈을 버는 것은 행동의 결과일 뿐이지 근본적인 이유라고 할 수는 없습니다. 설령 돈 때문에 그 행동을 한다고 하더라도 사실 그 안에는 '좋은 집을 사기 위해', '여행을 가기 위해', '가족들과 더 좋은 환경에서 살기 위해'와 같은 이유가 숨어있습니다. 그 목표를 위해 지금 눈앞에 닥친 어려움을 이겨내면서 공부를 하고 회사에 가고 책을 읽는 거죠.

만약 우리가 어떤 물건이나 서비스를 팔아야 한다고 생각해 봅시다. 새로운 고객을 만나면 자기소개를 하고, 판매할 상품이 무엇인지, 경쟁사보다 얼마나 더 훌륭한지를 강조하죠. 예를 들면 "저희 법무법인은 의뢰인의 이익을 최우선으로 하여 법률 문제를 해결해 드립니다. 분야별 최고의 변호사들이 다른 법무법인에서는 볼 수 없는 완벽한 서비스를 제공하며, 수임료 또한 타 법무법인보다 합리적입니다. 저희와 함께 해

보시죠"와 같은 멘트로 고객에게 서비스의 특징을 설명합니다.

법무법인이 제공하는 서비스를 명확히 설명하고 경쟁 법무법인에서는 제공하지 않는 독보적인 서비스를 제안하며 자신들이 수임할 수 있도록 설득합니다. 꽤나 타당한 접근방식입니다. 하지만 이 방식은 더욱 강력한 경쟁자가 더 좋은 서비스와 더 합리적인 가격을 제안한다면 의뢰인은 언제든지 다른 법무법인으로 발걸음을 돌리게 될 것입니다.

많은 사람이 BTS, 아이유와 같은 연예인에 열광하는 이유는 무엇일까요? 단단하게 형성된 이들의 팬덤은 완벽하게 준비된 아이돌이 등장해도 쉽게 흔들리지 않습니다. 그건 바로 BTS, 아이유가 추구하는 음악 세계에 대한 확고한 믿음 때문입니다. 이렇게 강력한 팬덤으로 인해 개최하는 콘서트마다, 출시되는 앨범마다 완판을 이어가죠. 가수의 신념을 함께 한다는 사실은 팬들의 정체성과도 같기 때문입니다.

글쓰기도 마찬가지입니다. 글을 잘 쓰는 사람은 자신만의 글쓰기 기준과 원칙 그리고 '나는 글을 왜 쓰는가?'에 대한 확고한 이유를 가지고 있습니다. 만약 보고서를 쓴다면 스스로에게 끊임없이 '왜'라고 물어봅시다. '이 보고서를 왜 쓸까?'에 대해 정확히 답을 할 수 있다면 뒤이어 '어떻게 쓸까?', '여기에 무엇을 쓸까?'에 대한 질문이 자연스럽게 나옵니다. 왜 쓰는지 이유를 알고 있으니 문제를 해결하기 위해 '어떻게' 접근할 것인지 끊임없이 고민하게 되겠죠. 결국 상사가 가려워하는 곳을 정확히 긁어주는 보고서, 문제점을 정확하게 찔러 해결책을 명쾌하게 도출하는 보고서가 나올 수밖에 없습니다.

나아가 글을 잘 쓰는 사람들은 '자신만의 독특함'이 있습니다. 사실, 글은 누구나 쓸 수 있습니다. SNS에 쏟아지는 엄청난 양의 글만 봐도 알 수 있죠. 하지만 이렇게 쏟아지는 글을 모든 사람이 읽지는 않습니다. 정보의 홍수 속에서 굳이 특별함이 없는 글을 읽을 이유는 없으니까요.

반면 유명 인플루언서나 연예인이 올린 SNS 게시물은 엄청난 양의 '좋아요'와 댓글이 순식간에 붙습니다. 그 사람만의 '독특함'이 있기 때문입니다. 우리도 글 잘 쓰는 사람이 되고 싶다면 바로 이 '독특함'을 공략해야 합니다.

충주시 홍보맨으로 잘 알려진 김선태 주무관은 공공기관에서 만든 어색하고 재미없는 영상의 틀을 깨고 병맛 콘셉트로 엄청난 인기몰이를 했습니다. 애당초 윗분들의 입김이 작용하지 않도록 결재를 받기도 전에 유튜브 영상을 업로드 하는 용기를 내기도 했지요. 그 덕분에 충주시 홍보맨 영상은 어디서도 볼 수 없는 독특함을 가질 수 있게 되었고 지금의 유튜브 스타 김선태 주무관을 있게 했죠.

독특함과 개성은 AI와 공존해야 할 미래에 그 중요성이 더욱 커질 것입니다. 공항이나 기차역에 가면 들을 수 있는 안내 방송은 이미 TTS(Text To Speech)로 바뀐 지 오래입니다. 이뿐만 아니라, 뉴스를 전하는 아나운서도 AI 가상 인간으로 바꾸는 시도가 이어지고 있습니다. 이미 제주특별자치도에서는 잠도 안 자고 아플 일도 없으며 휴가도 필요 없는 가상 인간 '제이나' 아나운서가 단돈 60만 원의 월급을 받으며 정책 뉴스를 전하고 있습니다.

아나운서나 성우 양성 교육 과정은 표준화된 발음, 발성, 자세를 가르치는 것이 핵심입니다. 서로 다른 개성을 가진 사람들에게 엄청난 시간과 노력을 들여 표준화된 방식으로 통일시키는 거죠. 그러나 이제 더이상 표준화된 내레이션을 구사하는 것만으로는 인간이 가상 인간 아나운서를 이기기는 어려워지고 있습니다.

우리는 그동안 정해진 방식으로 능숙하게 일을 잘 하는 사람을 '일잘러'라고 부르며 살아왔습니다. 하지만 정형화된 일을 잘 해내는 것은 AI가 가장 잘하는 분야입니다. 그러니 지금까지 일잘러의 기준이었던 역량의 중요성은 급격히 줄어들고 지금껏 덜 중요하게 여겨졌던 엉뚱함, 자신만의 색깔, 없던 것을 생각해 내는 능력이 각광받을 것입니다.

마찬가지로 자신만의 기준과 원칙을 가지고 남들이 쓰지 못하는 글을 쓰는 사람만이 AI 시대에서 살아남을 수 있습니다. 회의록 작성, 자료 요약정리, 보도자료 작성, 사실관계 정리와 같은 표준화된 글쓰기는 앞으로 AI가 맡게 될 것입니다. 따라서 우리는 끊임없이 '왜'라고 스스로에게 물어보며 AI는 하지 못하는, 답이 없는 것을 글로 풀어나가는 것에 집중해야 합니다. 이러한 글쓰기 기준과 원칙이 있어야 빠르게 우리 삶을 파고드는 AI 시대에 살아남을 수 있습니다.

Chapter 3

일하면서
흔히
저지르는

글쓰기 실수
A to Z

내가 하고 싶은 말만 쓴다

오늘도 평화로운 대한민국의 한 사무실. 야심 차게 보고서를 준비한 강 대리는 부장님의 폭풍 칭찬을 기대했지만, 아니나다를까 부장님의 미간이 찡그려지더니 표정이 점점 어두워집니다. 강 대리는 지금이라도 자기가 들인 노력을 부장님께 알리고 싶었지만, 부장님은 긴 한숨과 함께 강 대리에게 이렇게 말씀하십니다.

"강 대리님, 대체 하고 싶은 말이 뭐예요? 상황이 왜 이렇게 된 건지 원인 분석도 제대로 안 되어 있고, 앞으로 뭘 어떻게 하겠다는 건지 해결 방향도 불분명하잖아요. 내가 이걸 가지고 이사님께 어떻게 보고를 하라는 거예요? 보완해 오세요!"

보고서를 받아 자리로 돌아온 강 대리는 자신의 노력을 알아주지 않는 부장님이 야속하기만 합니다. 최선을 다했는데 도대체 이 이상 어떻게 수정을 하라는 건지 앞이 캄캄해지고 괜시리 눈물이 쏟아질 것 같습니다.

한편, 보고서를 들고 자리로 돌아가는 강 대리의 뒷모습을 보는 부장님도 울화통이 터집니다. 지난주 내내 강 대리가 초과 근무 결재를 올렸기 때문에 이 보고서 준비하느라 야근한 것도 알고 있었고, 열심히 준비하는 모습을 봤기 때문에 칭찬을 해줘야겠다고 생각하고 있었죠. 하지만 강 대리가 가지고 온 십여 페이지짜리 보고서에는 항목들이 줄줄 나열만 되어 있었지, 맥락도 논점도 없었습니다. 심지어 기재된 수치들도 서로 안 맞고 표는 무엇을 위해 넣은 건지 모르겠고요. 답답한 마음에 폭발할 것 같았지만 감정을 꾹꾹 눌러가며 "핵심만 간결하게 다시 써 오세요"라고 말했습니다. 끊었던 담배가 확 땡기네요.

잠깐, 이거 어디서 많이 보던 풍경 아닌가요? 부장님으로부터 질책을 받은 대한민국의 수많은 강 대리들은 자신의 노력을 알아주지는 않고 성질만 내는 상사를 원망하곤 합니다. 반대로 대한민국의 수많은 상사들은 지시를 제대로 알아먹지 못하는 부하 직원들을 원망하지요. 도대체 왜 이런 일이 벌어질까요? 그건 바로 서로 바라보는 곳이 다르기 때문입니다.

보고서를 작성하는 사람은 자신이 한 일과 알고 있는 내용을 시간의 흐름에 따라 써 내려갑니다. 그런데 보고서를 검토하는 상사는 무엇을,

왜, 어떻게 할 것인지를 궁금해 합니다. 가려운 곳이 아닌 엉뚱한 데를 긁고 있는데 작성자가 최선을 다했다 한들 무슨 소용이 있을까요?

보고서는 열심히 쓰는 것이 중요한 게 아니라 상대가 궁금해하는 내용을 정확히 해소하는 것을 목표로 해야 합니다. 다시 말해 상사에게는 '왜 이런 상황이 되었고(현황 파악), 우리가 할 수 있는 것은 무엇이 있으며(대응 방안), 앞으로 어떻게 할 것인가(향후 계획)'가 필요했던 것입니다.

《나는 왜 이 일을 하는가》의 저자 사이먼 사이넥^{Simon Sinek}은 많은 사람이 '왜(why)'보다는 '무엇을(what)'이나 '어떻게(how)'에 집중하는 경향이 있다고 말합니다. 일반적인 사람들은 어떤 문제를 해결하기 위해 '어떻게 이 문제를 해결할 것인지'를 생각하는 반면, 상위 1% 일잘러들은 '이 일을 왜 해야 하지?'에서부터 시작한다고 말하죠. 사이먼 사이넥은 다음과 같이 예를 듭니다.

> ■ 일반적인 경우
> "우리는 멋진 컴퓨터를 만듭니다(what). 디자인도 멋지고 다루기 편리하죠(how)."
>
> ■ 애플의 경우
> "우리는 현실에 도전하고 남들과 다르게 생각하는 삶의 가치를 믿습니다(why). 그래서 디자인도 아름답고 다루기 쉬운 사용자 중심 제품으로 현실에 도전합니다(how). 그 결과 우리는 멋진 컴퓨터를 만들었습니다(what). 하나 구매하시겠습니까?"

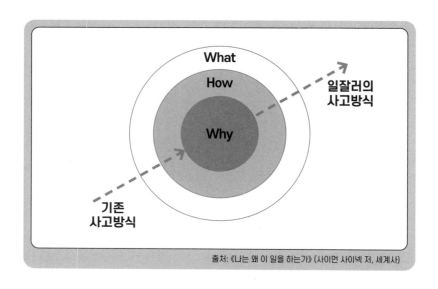

출처: 《나는 왜 이 일을 하는가》 (사이먼 사이넥 저, 세계사)

　보고서의 최종 소비자는 상사, 그중에서도 최종 결재권자입니다. 따라서 상사의 관점에서 '이 보고서가 왜 필요한 걸까?'를 끊임없이 고민해야 멋진 보고서를 만들 수 있습니다. 만약 의도가 정확히 파악되지 않는다면 상사에게 질문하여 의도와 목적을 파악해야 합니다. 많은 직장인이 질문 하기를 두려워하지만, 초반에 방향을 정확히 잡는 것은 보고서 작성 단계에서 굉장히 중요합니다. 방향 설정을 잘못한 채 열심히 달리기만 했다가는 완전히 엉뚱한 곳에 도착할 수 있기 때문이죠. 특히 초기에는 방향이 조금만 틀어져도 도착지가 완전히 어긋납니다. 잘못된 곳에 도착했다는 사실을 마감기한이 임박했을 때 발견하면 수정하거나 만회할 시간도 기회도 없게 됩니다.

비행기 조종사들은 관제탑에서 지시받은 내용을 말로 반복하는 '리드백read back'이라는 행위를 합니다. 지하철 기관사들 또한 계기판을 조작할 때 손으로 계기판을 가리키며, 입으로 외치는 '지적환호pointing and calling'를 하죠. 군대에선 어떤가요? '복명복창'이라고 해서 명령받은 내용을 말로 외친 후 행동으로 옮깁니다. 이 세 가지 행동에 공통점이 보이시나요? 바로 지시받은 내용을 말로 외치고 그것이 정확히 이행되는지 확인하는 것입니다. 이런 행동은 지시받은 내용을 말로 되풀이함으로써 소통의 오류를 줄이기 위해 꼭 필요합니다.

마찬가지로 상사에게 업무지시를 받으면 지시 사항을 제대로 이해했는지 설명하며 확인해야 합니다. 부장님께 안전 관리 강화 방안에 대한 보고서 작성을 지시받았다면, "부장님, 전사적 차원의 안전 관리 방안을 작성해 보라는 말씀이신 거죠?"라고 지시받은 내용을 구체적으로 확인해야 합니다. 그냥 "네, 알겠습니다"라고만 하면 내가 진짜 상사의 지시를 제대로 이해한 것인지를 확인할 방법이 없어요. 부장님은 '전사적 차원의 안전 관리 방안'을 만들라고 지시한 건데 본인이 이해한 것은 '부서에서 관리 중인 현장에 대한 안전 관리'일 수 있으니까요. 이처럼 서로 같은 곳을 바라보고 있는지를 확인하지 않은 채 보고서 작성에 들어가면 담당자도, 부장님도 서로 울화통이 터지는 상황이 벌어집니다.

정리해보면, 보고서란 작성자가 하고 싶은 말을 쓰는 것이 아니라 상사의 입장에서 상사가 궁금해하는 내용을 쓰는 것입니다. 보고서를 쓰는 이유와 상사의 관점을 정확히 파악했다면 시작부터 이기는 게임입니다. 상사에게 보고서가 필요한 이유가 명확해지면 아무리 짧은 보고서라도 필요한 내용만 깔끔하게 담긴 보고서가 될 테니까요.

좋은 보고서인지 아닌지를 판단하는 사람은 내가 아니라 상사입니다. 따라서 상사에게 정확한 의도를 물어보고 내가 이해한 것이 맞는지를 설명하며 관점의 차이를 줄여야 합니다. 이렇게만 한다면 상대방이 필요로 하는 내용을 채워 주는 칭찬받는 보고서를 작성할 수 있습니다.

2

의미 없는 자료만 가득한 보고서

대학생이나 사회 초년생이 보고서를 작성할 때 저지르는 흔한 실수가 하나 있습니다. 바로 '양으로 승부 보기'입니다. 양 많고 두툼하면 꽤나 열심히 한 것 같은 마음으로 뿌듯해집니다. 두툼한 보고서를 받아 든 교수님이나 상사에게 칭찬을 받을 것 같은 막연한 기대감도 생기죠. 하지만 그렇게 제출했다간 높은 확률로 싫은 소리를 듣게 될 것입니다. 만약 회사라면 다시 작성해 오라며 핀잔만 듣게 될 거고요.

회사에서는 수많은 보고서를 작성합니다. 기관과 기관 간에도 보고서로 소통하는데, 외주를 받은 수행사가 발주처로 보고서를 제출하는 식이죠. 그런데 아무리 큰돈이 들어간 업무 보고서라고 해도 보고서가 통째로 CEO에게까지 전달되거나 끝까지 읽히는 경우는 거의 없습니다. 경영진은 의사결정을 위한 판단 근거로 쓸 내용만 필요하기 때문입니다.

경영진은 실무자가 이 업무를 어떻게 수행했는지는 알 필요가 없습니다. 그런 내용은 실무자 선에서 이미 검토가 끝나야 하는 사항들이니까요. 보고서는 위로 올라갈수록 핵심만 요약되어 결국 한 장짜리 보고서로, 심지어는 반 장짜리 보고서로 경영진에게 보고됩니다.

많은 직장인이 업무 시간의 대부분을 보고서를 쓰거나 검토하는 일로 보내고 이로 인한 스트레스도 상당히 받고 있습니다. 그렇게 많은 시간을 보고서에 쏟아부어야 하는 이유는 바로 보고서에 핵심을 담지 못하기 때문입니다. 주력으로 밀어야 할 핵심 내용이 없으니 '뭐라도 걸려라'라는 심정으로 필요하든 필요하지 않든 간에 모든 내용을 담으려고 하죠. 이건 논리의 부족함을 양으로 채우려는 하수의 마인드입니다. 상사가 원하는 보고서는 백과사전 같은 두툼한 보고서가 아니라 핵심만 담겨 있는 한 장짜리 알짜배기 보고서인데 말이죠.

정 과장이 맡은 공사 현장은 동선상 어쩔 수 없이 도심 터널 바로 위로 중장비가 오가야 합니다. 이런 상황에서 경영진은 '터널 위로 중장비가 다녀도 괜찮을까?'라는 의문이 생깁니다. 혹여라도 설계하중을 넘어서는 바람에 터널 구조에 문제가 생기면 안 되니까요. 하지만 터널 구조계산을 무슨 프로그램으로 했고, 어떤 센서를 사용해서 어떻게 측정했는지는 중요하지도, 궁금하지도 않습니다. 그런 건 실무자의 몫입니다.

하지만 이 점을 인지하지 못한 채 일반인이 봐서는 알 수 없는 값들로 가득한 보고서를 작성하는 실무자들이 많습니다. 열정이 넘치다보니 자신의 전문성을 어필하기 위해 어려운 전문 용어를 잔뜩 사용하며 설명하려 들기도 하죠. 이런 보고서를 제출했을 때 돌아오는 건 "이걸 지금 나보고 다 보라는 거야?"라는 핀잔입니다. 열심히 일해놓고 욕먹는 전형적인 사례죠.

보고서 작성 시 가장 중요한 것은 첫째도, 둘째도, 셋째도 '읽는 사람의 관점'입니다. 설령 구조계산을 의뢰한 회사에서 수치로 가득한 보고서를 보내왔다 하더라도 진짜 일잘러들은 그 내용을 상사가 이해할 수 있는 쉬운 언어로 다시 정리합니다. '터널 구조계산을 왜 했고, 어떤 방식으로 했으며 그 결과 이상이 있는지 없는지, 앞으로 어떻게 관리해 나갈 것인지'라는 내용으로 말이죠. 이게 바로 일잘러가 일하는 방식입니다.

한편, 보고서에 기재된 각종 데이터와 수치들은 핵심 메시지를 뒷받침하기 위한 근거들입니다. 여기에 해석을 덧붙이지 않는다면, 무의미한 숫자와 자료에 불과할 뿐입니다. 첨부한 자료에 생명을 불어넣고 싶다면 반드시 그 수치들이 의미하는 바를 요약해서 설명해야 합니다. 설명이 불가능하다면 과감히 제거해도 문제가 없는 자료입니다.

보고서는 '읽는 것'이 아니라 '보는 것'입니다. 사람은 시각으로 정보를 인지하기 때문에 수많은 문장과 수치보다 단 한 장의 도표가 더 임팩트 있게 전달될 수 있습니다. 특히 정보의 양이 증가할수록 직관적인 표현이 더욱 중요해집니다. 도표를 이용하면 다양한 정보를 일목요연하게 표현할 수 있습니다. 선그래프는 증감 추이, 막대그래프는 크고 작음 비교, 원그래프는 각 항목의 비율, 점그래프는 자료의 분포도를 표현할 수 있죠. 특히 소비자나 임원처럼 해당 분야 관련 지식이 없는 대상을 상대로 자료를 작성할 때는 도표를 이용해 직관적으로 정보를 볼 수 있도록 만드는 것이 중요합니다.

또한, 보고서에 수치를 쓸 때는 이해하기 쉽게 표현해야 합니다. 예를 들어 "조사대상 면적은 64,000㎡입니다"라고 설명하면 감이 오지 않지만 "조사 면적은 축구장 크기의 9배입니다"라고 하면 훨씬 와닿습니다. "새로 설치된 마을 상수도의 일 공급량은 30,000㎡입니다"라는 표현보다는 "새로 설치된 마을 상수도의 공급량은 하루 150명이 쓸 수 있는 물의 양입니다"라고 표현하면 이해하기 쉽게 전달할 수 있습니다. 이런 표현은 실제로 신문이나 TV 뉴스에서도 흔히 볼 수 있습니다. 기자가 현장에서 "이번 산불로 여의도 면적의 10배에 달하는 산림이 불에 탔습니다", "이번 기름 유출 사고로 덤프트럭 100대 분량의 토양이 기름으로 오염되었습니다"라는 식의 설명을 들어보신 적이 있으실 겁니다. 이렇게 일반인이 이해하기 쉬운 표현을 쓰면 복잡한 수치가 나와도 쉽게 설명할 수 있습니다.

보고서는 정보를 전달하기 위해 씁니다. 조사한 자료가 아무리 많아도 그 수치들의 의미를 제시하지 못하면 의미 없는 숫자들의 나열에 불과합니다. 따라서 보고서를 작성할 때에는 '이 보고서를 읽는 사람이라면 어떤 부분이 궁금할까?', '내가 이 수치들을 토대로 어떤 의미를 전달해야 할까?'를 끊임없이 고민해야 합니다. 이러한 고민을 통해 수치들의 행간에 숨어있는 의미를 전달한다면 여러분들의 보고서는 더욱 빛을 발하게 될 것입니다.

3

처음부터 끝까지 일관성이 없다

초지일관初志一貫이라는 사자성어가 있습니다. 처음에 세운 뜻을 끝까지 밀고 나간다는 뜻이죠. '일관성이 있다'는 말도 비슷한 의미를 가지고 있습니다. 장애물이 나타나도, 세찬 바람이 불어도 흔들리지 않고 늘 한결같다는 말이죠.

보고서에서 일관성을 지켜야 하는 가장 큰 이유는 상사에게 믿음과 신뢰를 주기 위함입니다. 믿음직스러운 보고서는 상사의 신뢰를 이끌어냅니다. 따라서 일관성은 보고서를 작성할 때 반드시 지켜야 하는 가장 기본적인 원칙이며, 일관성이 없으면 보고서 내용에 대한 신뢰가 급격하게 떨어집니다.

한 광역지방자치단체의 도시기본계획 자문 회의에 참석했을 때였습니다. 회의장에서 여러 보고서를 검토하는데, 한 보고서에서 다음과 같은 실수가 보였어요. 심지어 한 페이지 내에서 발견된 문장들입니다.

- 지역사회와의 교류가 더욱 <u>중요해집니다</u>.
- 지역사회 공동체를 형성하여 함께 사는 기반을 마련하는 것이 <u>중요하다</u>.
- 지역사회를 만들어 지역 정체성을 강화할 수 있을 것으로 <u>기대됨</u>.

위 세 문장이 문법적으로 틀린 것은 없습니다만, 읽어보면 왠지 어색합니다. 원인은 서술식敍述式과 개조식個條式의 혼용 때문입니다. 서술식이란 우리가 평소에 쓰는 말처럼 "~입니다", "~합니다"와 같은 완성형 문장으로 표현하는 것을 말합니다.

● ● 서술식

초롱청년봉사단은 초롱시에 거주하는 청년들로 구성된 200명의 봉사자들로, 도움을 필요로 하는 취약계층을 돕는 활동을 하고 있다.

지난 8월 초롱청년봉사단 소속 대학생 50여 명은 달님 쪽방촌을 찾아 봉사활동을 펼쳤다. 봉사단은 쪽방촌 일대 도로를 청소하고, 도시락을 배달하며 무더위에 지친 쪽방촌 주민들이 끼니를 거르지 않도록 하였다.

초롱청년봉사단은 사회적 도움의 손길을 필요로 하는 곳에서 돌봄, 환경, 교육 등 다양한 분야의 활동을 해나갈 계획이다.

한편, 개조식은 □, ○와 같은 기호 뒤에 조사와 종결어미 등을 생략하고 중요한 요점만 단어 위주로 서술하는 것을 지칭합니다. 짧은 형태로 간결하게 전달할 수 있죠.

의사결정권자가 보고서의 내용을 빠르고 정확하게 이해할 수 있도록 하기 위해서는 보고서의 내용과 논리 전개 과정이 구조화되어 있어야 합니다. 개조식 보고서는 Ⅰ, Ⅱ, Ⅲ와 같은 로마자, □, ○, -, ·와 같은 기호 그리고 수준별 들여쓰기를 통해 체계적인 형태를 띠기 때문에 보고서를 보면 구조, 상하 관계 등을 한눈에 볼 수 있습니다.

● ● **개조식**

〈초롱청년봉사단 쪽방촌 봉사활동 실시〉

○ **'초롱청년봉사단'이란?**

   - 초롱시 거주 청년 200명으로 구성된 사회취약계층 지원 활동단체

○ **달님 쪽방촌 봉사활동 추진**

   - (일시/장소) '25.8.15. 달님 쪽방촌 (달님동 소재)

   - (주요내용) 도로 청소, 도시락 배달

○ **향후 계획**

   - 분야별로 다양한 봉사활동 지속 예정(돌봄, 환경, 교육 등)

반면 서술식은 읽기 편하고, 미묘한 뉘앙스까지 세밀하게 표현할 수 있습니다. 대신 전체를 다 읽어야 내용 파악이 되고 시각적으로 구조화가 되지 않기 때문에 효율성이 떨어집니다.

제가 자문회의에서 검토한 보고서도 개조식으로 구성되어 있었습니다. 많은 내용을 다뤄야 하는 보고서에는 개조식 구조를 사용하는 게 효과적이죠. 그런데 작성하는 과정에서 다른 자료를 옮겨오면서 종결어미를 개조식으로 미처 바꾸지 못했는지 무려 세 군데가 서로 달랐습니다. 이러면 보고서의 신뢰도가 급격하게 떨어지며 다른 건 더 이상 눈에 들어오지 않게 됩니다. 손바닥에 가시가 박히면 모든 신경이 거기에 쏠리는 것처럼 말이죠.

이처럼 일관성을 유지해야 하는 몇 가지가 있습니다. 먼저 본문 글씨체입니다. '휴먼명조체' 13포인트로 시작했다면 처음부터 끝까지 유지해야 합니다. 1장은 휴먼명조체를 쓰고, 2장은 바탕체를 쓰면 곤란합니다.

일관된 단어선택도 중요합니다. 만약 보고서에서 '개'를 '반려견'으로 표현했다면, 처음부터 끝까지 '반려견'이라는 단어를 써야 합니다. 중간에 반려견 대신 '강아지', '멍멍이'와 같은 단어를 섞어서 쓰면 일관성이 깨지게 됩니다. 이처럼 같은 뜻을 가진 단어가 여러 가지라면 어떤 것을 쓰든 처음부터 끝까지 일관되게 써야 합니다. 같은 의미의 단어를 다양한 형태로 표현할 수 있는 예는 다음과 같습니다.

날짜표기	2025년, 2025, '25.
시간표기	14시, 14:00, 오후 2시, 2 p.m.
금액표기	8백만 원, 8,000천원, 8,000,000원
전자우편	이메일, E-Mail, E-mail, e-mail
휴대전화	휴대폰, 스마트폰

모두 한 가지 방식으로 통일해야 합니다. 일관성 있는 보고서 작성이 결코 쉬운 일은 아니지만, 전달하고자 하는 '단 하나의 메시지'에 대해 정확히 인지한다면 불가능한 일도 아닙니다. 명확한 메시지가 없으면 주장에 대한 근거가 미약해지면서 읽는 사람도 보고서의 내용을 납득하기 힘들어집니다. 분명 한글로 쓰여 있음에도 불구하고 도대체 무슨 말인지 전혀 이해할 수 없는 상황이 발생합니다. 앞에 나와야 할 내용이 뒤에 가 있고, 반대로 뒤에 가 있어야 할 내용이 앞에 와 있는 등 혼란의 도가니가 펼쳐지죠. 일관성을 지키면 신뢰라는 보답이 옵니다. 그리고 내가 작성한 보고서를 상사가 믿는다는 것은 곧 결재와 실행을 의미합니다.

4

열심히 썼지만 설득력이 없다

"성 대리님, 이게 뭐예요. 죄다 뜬구름 잡는 소리잖아요!"

부장님의 반응은 성 대리에게 청천벽력과 같은 소리였습니다. 성 대리는 지난 2주간 대화형 인공지능 서비스 도입을 통한 업무 프로세스 개선 방안 관련 기획안을 준비했습니다. AI, RPA 관련 최신 자료를 조사해 무려 100페이지가 넘는 두툼한 보고서를 만들었죠. 부장님께 받을 칭찬을 기대하며 보고를 드렸는데 밑도 끝도 없이 '뜬구름 잡는 소리'라뇨! 이 분을 풀려면 아무래도 오늘 퇴근길에 옆 부서 동기를 불러 치맥 한잔해야 할 것 같습니다.

보고서를 검토하던 최 부장도 속이 터지기는 마찬가지입니다. 직원들이 각자의 핵심 업무에 더욱 집중할 수 있도록 인공지능 서비스 도입을 검토해 보라는 전무님의 지시로 시작된 일이었습니다. 이번 프로젝트 성과에 따라 전무님의 연임 여부도 달려있기에 강하게 추진하려는 느낌을 받았습니다. 물론 최 부장도 진급을 앞두고 있기에 인사고과를 잘 받으려면 이번 프로젝트를 성공적으로 해내야 했고요.

하지만 초안을 가지고 온 성 대리의 보고서는 소설 그 이상도 이하도 아니었습니다. 최신 정보가 들어가 있기는 한데 주장에 대한 근거가 하나도 없습니다. 처음에 작성 방향에 대해 충분히 설명했으니 잘 이해했을 거라 생각했는데, 가져온 보고서를 보니 처참하기 이를 데가 없습니다. 최대한 감정을 억누르고 진정해서 말하려고 했지만 단전에서부터 올라오는 깊은 빡침을 완전히 억누를 수는 없었습니다.

회사에서 보고서를 쓰는 주목적 중 하나는 상대방을 설득하기 위함입니다. 하지만 아무런 근거도 없이 주장만 하면 억지에 불과합니다. 따라서 보고서로 상대방을 설득하기 위해서는 다섯 가지가 필요합니다.

첫째, 정확한 수치가 있어야 합니다. 사람은 생김새만큼이나 생각도 다양합니다. 같은 날씨여도 누구는 덥다고 하고, 누구는 선선하다고 하죠. 이처럼 주관적인 판단은 논리적인 설명에 장애물이 됩니다. 그냥 "더울 예정이다"보다는 "오늘 낮 최고기온은 영상 33도로 예년에 비해 0.5도 높을 것으로 예측됩니다"와 같이 정확한 수치가 있어야 설득력이 있습니다.

둘째, 뚜렷한 근거가 있어야 합니다. 유명한 추어탕 집 사장님이 "추어탕이 몸에 진짜 좋아요!"라고만 한다면 손님은 "아, 그래요?"라고 시큰둥하게 반응하고 말 것입니다. 하지만 동의보감과 본초강목에 왜 좋은지, 어디에 좋은지가 나와 있다면서 출처와 근거를 들어 설명을 해주면 손님들도 추어탕을 먹으며 흘리는 땀만큼 몸이 좋아지는 듯한 기분을 느끼겠죠. 근거 없는 주장은 "그냥 내 느낌이 그래"라고 말하는 것 이상도 이하도 아닙니다. 설득하기 위해서는 주장에 대한 이유와 근거가 반드시 있어야 합니다.

셋째, 분명한 논리가 있어야 합니다. 코딩은 단 한 글자만 틀려도 원하는 결괏값이 나오지 않습니다. 처음부터 끝까지 컴퓨터가 이해할 수 있는 정확하고 논리적인 명령어가 입력되어야 원하는 결과를 낼 수 있죠. 보고서에서도 주장하는 바가 아무리 솔깃해도 뒷받침하는 논리가 빈약하면 어느 누구도 수긍할 수 없습니다. 따라서 논리적인 설명을 하려면 사실에 근거해야 합니다.

넷째, 설득할 수 있는 명분이 있어야 합니다. 인사발령으로 부서에 다섯 명의 직원이 전입을 왔습니다. 부서장님은 최대한 공정하게 직원을 배분하려고 하지만 각 팀의 팀장님들은 서로 직원을 데려가려고 눈에 불을 켜고 달려듭니다. 전출되어 나간 직원들의 빈자리 외에도 육아휴직자, 외부기관 파견자 등으로 생긴 빈자리가 있기 때문입니다. 이런 상황에서 밑도 끝도 없이 "저희 팀에 사람이 부족하니 전입 온 직원을 저희 팀에 배치해 주세요"라고 얘기해봐야 씨알도 안 먹힙니다.

그런데, "부서장님, 지난번 외부기관 파견에 저희 팀 정 과장을 보냈고, 현재 육아휴직자도 한 명 있고 곧 있으면 이 대리도 육아휴직에 들어갑니다. 그런데 이번에 최 대리까지 전출되는 바람에 정원대비 마이너스 네 명입니다. 이 인원으로는 부서장님께서 챙기시는 프로젝트를 끌고가기에 어려움이 있습니다. 최종 결정은 당연히 부서장님께서 하시겠지만 이번 인사이동 때 저희 팀에 세 명은 채워주셨으면 합니다. 강 팀장네는 다다음 달에 육아휴직자가 복직하니까 이번에 한 명만 보내줘도 정원이 곧 다 채워집니다"와 같이 상대방이 납득할 수 있는 명분을 제시하면 상대방이 납득하기가 쉬워집니다. 다만, 상대방의 방어 기제가 작동하지 않도록 '나는 당신 편이다'라는 메시지를 전달해야 합니다. 무리하게 내 잇속만 챙기려고 하면 상대는 오히려 방어적인 태도를 취하며 역효과만 나게 됩니다. '판단은 내가 하는 거야. 어디 날 설득하려고 들어!'라고 말이죠.

다섯째, 주장과 근거에 권위가 있어야 합니다. TV나 유튜브에서 전문가가 나와서 하는 얘기를 들으면 사람들은 그 주장에 쉽게 수긍합니다. 권위자가 하는 말이니 당연히 맞는 말이라고 생각하기 때문이죠. 실제로 인간은 전문가의 말을 들으면 뇌에서 사고思考를 담당하는 전두엽과 측두엽 부위의 활성도가 낮아지면서 전문가의 말을 더 쉽게 믿고 사실로 인정하게 된다고 합니다. 병원 간판에 유명 대학 로고가 박혀있고 대형종합병원에서 근무했던 경력, 각종 학회 정회원증 같은 것이 붙어있으면 의사에 대한 신뢰도가 급상승하는 하는 것도 같은 맥락입니다.

이는 권위의 법칙에 순응하는 심리 현상입니다. 권위의 법칙이 실제로 작용한다는 것은 1963년 미국 예일 대학교 심리학과 스탠리 밀그램^{Stanley Mingram} 교수가 자신의 연구 '권위에 대한 복종 실험'을 통해 밝혀냈습니다. 실험의 내용은 다음과 같습니다. 전기의자에 손발이 묶인 채 학생이 앉아있고 교사가 학생에게 문제를 냅니다. 틀릴 때마다 교사는 전압을 높여 학생을 점점 더 고통스럽게 하죠. 사실 전기의자에 묶여 고통스러워하는 학생은 배우로, 실제로 의자에 전기가 가해지지는 않으며 고통스러운 척 연기를 할 뿐입니다. 전기충격을 가하는 교사 역할을 하는 사람이 바로 이 실험의 피실험자였죠.

실험 결과 놀라운 사실이 밝혀졌습니다. 일정 수준 이상 전압을 높이면 학생은 제발 실험을 멈춰달라고 애원합니다. 하지만 이렇게 애원해도 교사 역할을 맡은 피실험자의 65%는 "실험을 계속 진행하십시오"라는 실험 설계자의 단순한 지시에 따라 최고 전압인 450V까지 올립니다. 300V 이상 전압을 올리면 위험하다는 표시가 되어 있었는데도 말이죠. 위험하다는 경고와 고통스러워하는 학생의 모습을 눈앞에 두고 많은 피실험자들이 약간은 불편해하지만, 실험을 거부하거나 실험을 중단을 요청하지는 않았습니다. 이러한 결과가 나타난 이유는 실험 설계자, 교수라는 합법적인 권위와 지시에 복종하려는 의무감 때문이라고 밀그램 교수는 설명합니다.

권위의 법칙은 생각보다 강력합니다. 보고서에서도 상대방을 설득하기 위해 권위의 법칙을 적절히 이용하는 것이 좋습니다. 주장하는 바가 나의 개인적인 생각이 아니라 전문가에 의해 확인된 사실임을 첨가하면 주장에 대한 신뢰도가 크게 상승합니다. 내 주장에 힘을 실어줄 수 있는 권위자의 자료나 논문, 전문 보고서, 언론 보도와 같이 권위를 나타낼 수 있는 내용을 보고서에 함께 언급해 보시기 바랍니다.

설득하려는 바를 수용했을 때 얻게 될 이익 그리고 수용하지 못했을 때의 단점을 알려주는 것도 하나의 방법입니다. 손실의 고통이 수익의 기쁨보다 훨씬 크기 때문에 사람들은 본능적으로 손실을 피하고 싶어 합니다. 따라서 자신의 선택으로 이익과 손실이 확실하게 발생할 때 비로소 행동하게 되죠. 상대방을 설득하고 싶을 때 구체적인 수치, 주장을 뒷받침하는 근거, 논리적인 전개, 명분, 그리고 권위와 함께 주장한다면 상사의 명쾌한 승낙을 얻어낼 수 있을 겁니다.

5

근거도 원인분석도 없이 주장만 한다

대한민국의 어느 공공기관 실험실. 정 주무관은 수입 농수산식품의 잔류농약을 분석하는 업무를 담당하고 있습니다. 잔류농약이 법적 기준치 이내인 것이 확인되어야 국내 유통이 가능하기 때문에 신속하게 결과를 도출해야 합니다. 결과가 늦게 나오면 세관 창고에 묶여 있는 수입 농수산식품의 신선도가 떨어지기 때문에 수입업자들도 굉장히 민감해합니다. 그렇다고 대충 분석할 수도 없습니다. 정 주무관의 손에 우리나라 국민의 식품 안전이 달려있기 때문이지요. 수입 농수산식품 안전의 최전방에 서 있는 정 주무관의 어깨가 무겁습니다.

그런데 얼마 전부터 잔류농약 분석값이 이상하게 흔들리기 시작합니다. 미량 물질인 잔류농약은 정확한 분석을 위해 표준물질과 함께 분석하는데, 이 표준물질이 정상치보다 낮게 나오는 겁니다. 이는 분석 과정에서 잔류농약도 그만큼 손실되어 정확한 분석이 되지 않고 있다는 것을 의미합니다. 정 주무관은 일단 이 사실을 팀장님께 보고했습니다. 팀장님은 왜 이런 현상이 나오는지를 점검해 보라고 지시하셨죠.

정 주무관은 실험 노트를 꺼내 분석 절차를 처음부터 끝까지 점검합니다. 실험실 온·습도도 문제없고, 실험도구, 시약도 모두 규정대로 관리했으며 실험 절차도 정해진 대로 정확히 수행했습니다. 도저히 이상한 점을 찾을 수가 없다고 생각하던 그 순간, 무언가가 번뜩 떠올랐습니다. 바로 지난번 분석시약 신규 단가계약을 하면서 시약을 A사 제품에서 B사 제품으로 바꾼 거였죠. 그 외에는 바뀐 것이 아무것도 없기 때문에 가장 유력한 용의선상에 올렸습니다.

정 주무관은 팀장님께 이 내용을 보고합니다. "팀장님, 확인해 보니 시약이 문제인 것 같습니다. 다른 건 바뀐 게 없는데, 이번 신규 단가계약 때 들어온 시약의 제조사가 기존 A사에서 B사 제품으로 변경되었거든요"라고요.

하지만 이걸로 섣불리 시약 업체를 변경할 수는 없습니다. 정 주무관의 검토 결과도 분명 납득이 가지만 구체적인 비교 실험 데이터가 없으니까요. 정 주무관의 얘기만 듣고 운영지원과에 가서 상황이 이러하니 시약을 다시 기존 회사 제품으로 바꿔야 한다고 해도 운영지원과장이 "네, 그렇게 합시다"라고 할 리도 없고, 아무런 근거도 없이 구매계약을 변경하거나 해지할 수도 없습니다. 계약 해지를 통보받은 업체에서 민원이나 소송을 제기할 수도 있으니까요.

이런 경우에는 기존 시약과 변경된 시약을 가지고 비교 실험을 한 후 그 결괏값의 차이를 수치로 증명해야 상대방을 납득시킬 수 있습니다. 이렇게 상대방을 설득하기 위해서는 정확한 원인 분석과 근거가 있어야 합니다. 여기서 정 주무관은 '수치'로 근거를 대면 되겠죠.

사기를 치는 사람들의 특징 중 하나는 '그럴듯한 주장을 한다'는 것입니다. 마치 모든 것이 한 방에 해결될 것처럼 말하고, 이는 자신만의 비법이니 절대 아무한테도 말하지 말라고 합니다. 하지만 이에 대한 근거는 미약하기 그지없습니다. 사기꾼도 자신의 약점을 잘 알기 때문에, 마술을 할 때 관객의 시선을 재빠르게 다른 곳으로 돌리듯 자신의 주장에 근거를 대야 할 때는 주의를 재빨리 다른 데로 분산시키죠.

저는 회사에서 다른 사람들이 쓴 보고서를 검토하기도 하고, 제가 쓴 보고서를 다른 사람에게 검토받기도 합니다. 보고서를 검토하다 보면 읽어도 무슨 말인지 이해할 수 없는 경우를 종종 봅니다. 한 문장이 네 줄, 다섯 줄이나 되는 경우도 있죠. 법률명이나 행정규칙, 각종 규정과 같이 고유명사 자체가 긴 경우는 어쩔 수 없으니 이해가 됩니다. 하지만 이런 경우가 아닌데도 문장이 길어지는 건, 하고 싶은 말이 머릿속으로 정리가 안 되었기 때문입니다.

이런 경우 보고서 작성자에게 묻습니다. "이 보고서에서 하고자 하는 말을 딱 한 문장으로 말할 수 있나요?"라고 말이죠. 상대방이 설명하는 내용을 듣고 질문을 몇 가지 해보면 무슨 말을 하고 싶은 건지 어느 정도 정리가 됩니다. "그러니까, A 구역에서 암반이 나와서 파쇄를 해야 하는데, 공사 기간이랑 공사 금액 그리고 인접한 아파트 소음피해를 고려하면 B 공법이 가장 현실적이라는 말을 하고 싶은 거죠? 맞아요?"라고요. 이렇게 메시지가 명료해지면 주장과 근거도 명확하게 정리할 수 있습니다.

강 대리는 첨단농업기술에 대한 보고서를 작성하고 있습니다. 그는 보고서에 "스마트 팜에서 작물을 재배할 경우 기존 노지 경작 대비 온실가스 배출량을 획기적으로 저감할 수 있다는 장점이 있습니다"라고 기재했습니다. 그런데 그 근거가 없다면 이 보고서를 검토하는 부장님은 대번에 "무슨 근거로요?"라고 묻겠죠. 만약 이 질문에 대한 답을 제대로 하지 못하면, 강 대리의 추측으로 작성된 보고서로 결론이 나겠죠. "보완해 오세요"라는 말과 함께 어깨를 늘어뜨린 채 자리로 돌아와야 하는 것은 덤이고요.

만일 강 대리가 보고서에 이렇게 기재했다면 어땠을까요? "스마트 팜에서 작물을 재배할 경우 기존 노지 경작 대비 온실가스 배출량을 획기적으로 저감할 수 있습니다. 스마트 팜의 수경재배에는 화학비료가 필요 없기 때문에 온실효과가 이산화탄소보다 300배나 높은 아산화질소가 배출되지 않습니다. 그뿐만 아니라 수직 공간을 사용하기 때문에 도심 인근의 좁은 땅에서도 재배가 가능해 유통과정에서 발생하는 탄소 배출량도 줄일 수 있습니다"라고요. 이렇게 설명하면 제아무리 호랑이 부장님이라고 해도 고개를 끄덕끄덕하며 동의를 하시겠죠.

소송을 할 때 소장 맨 마지막에 소장의 내용을 증빙할 수 있는 각종 입증자료(증거)를 첨부합니다. 판사님은 소장을 검토하며 소장에서 주장하는 바가 진짜인지 입증자료로 확인하지요. 만일 객관적으로 입증할 수 없는 주장이라면 법리 검토 단계에서 받아들여지지 않습니다. 보고서에서 주장에 대한 근거를 대고 이에 대한 참고 자료를 첨부하는 것도 이와 마찬가지입니다. 근거 없는 주장은 억측에 불과합니다.

보고서를 쓸 때 '자신의 생각을 잘 풀어내면 되는 거 아니냐'라고 생각하는 경우가 있습니다. 그래서 손 가는 대로, 마음 가는 대로 보고서를 써나가죠. 하지만 주장이나 의견을 제시하는데 아무런 근거도 없고, 왜 그렇게 생각하는지에 대한 원인 분석도 없다면 설득력이 사라져 보고서의 가치가 떨어집니다. 보고서는 정보 전달과 상대방을 설득하기 위해 작성하는 문서인 만큼, 상대방을 설득하고 싶다면 근거가 뒷받침되어야 합니다. 근거 없는 주장만으로는 아무도 설득할 수 없습니다.

6

뾰족한 대안 없이 문제만 제기한다

공기업에서 근무하는 민 차장은 이달 말에 본부장님을 모시고 인도네시아 출장을 갈 예정입니다. 인도네시아의 연구기관과 민 차장이 근무하는 공기업 간에 정책 및 기술개발협력 양해각서(MOU) 체결식이 있을 예정이거든요.

지난 몇 달간 모두가 이 양해각서 체결을 위해 많은 준비를 했고, 열심히 노력한 끝에 결실을 맺는 자리이기 때문에 본부장님 이하 처장님, 부장님 모두가 잔뜩 신경을 쓰고 있습니다. 인도네시아 담당자에게서 온 이메일을 읽고 있는데 이번 출장 관련 항공편 예약을 담당한 최 주임이 파티션을 노크합니다.

최 주임: 차장님, 지난번 말씀하신 항공권 예약건이요. 돌아오는 날은 예약이 가능한데 가는 날은 본부장님이 탈 비즈니스석이 매진이라 자리가 없다고 합니다.

민 차장: 아, 그래요? 그래서 어떻게 했어요?

최 주임: 네? 어떻게라뇨?

민 차장: 매진이라면서요.

최 주임: 네, 그날은 하필 비즈니스석이 만석이라 자리가 없대요.

민 차장: 아니, 그럼 뭐 하루 일찍 가든지 다른 방법 없어요?

최 주임: 어, 거기까진 안 알아봤는데요?

민 차장: 주임님, 이럴 땐 다른 대안이 없는지 한번 알아본 후 말씀해 주세요. 그냥 '안 된다'라고만 하면 곤란해요.

최 주임: 아, 그렇군요. 몰랐어요. 알려주셔서 감사합니다, 차장님.

민 차장: 여행사에 전화해서 직항 아니어도 좋으니 경유 편은 없는지, 정 안 되면 하루 일찍 가는 편은 없는지 알아보세요.

최 주임: 네, 차장님. 알겠습니다.

환하게 웃으며 되돌아가는 최 주임의 뒷모습을 바라보는 민 차장은 마음이 좀 답답해집니다. '내가 이런 것까지 알려줘야 하나? 그래, 나도 신입사원 때 저랬겠지…' 최 주임은 다행히 성격 좋은 민 차장을 만났으니 망정이지, 민 차장이 신입사원일 때 같으면 불호령이 떨어졌을 겁니다.

많은 상사들이 토로하는 애로사항 중 하나는 부하직원들이 밑도 끝도 없이 문제점만 가지고 온다는 것입니다. 물론 사람 하는 일이니 계획대로만 될 수는 없습니다. 계획은 바꾸라고 있는 것이니까요. 하지만 대안도 없이 "안 되는데요?"라고만 보고하면 상사도 "그래서 어떡하라고? 나보고 대안을 찾으라는 거야?"라는 생각밖에 안 듭니다.

한편 대한민국의 수많은 최 주임은 '안 되는 걸 안 된다고 사실 그대로 보고한 건데, 도대체 뭐가 문제지?'라고 생각할 수 있습니다. 물론 몰라서 그런 거니 그럴 수 있습니다. 하지만 일잘러는 여기서 한 걸음 더 나아가 생각해 봅니다. '어라, 매진이라고? 그럼 어쩌지? 본부장님 도착 다음 날이 체결식이던데. 양해 구하고 이코노미석으로라도 예약을 할까? 아니면 경유로 가는 건 없나?' 이렇게 대안을 찾고, 가능한 대안을 함께 보고해 선택할 수 있도록 해야 합니다.

상사는 늘 머릿속이 복잡합니다. 따라서 문제가 생겼을 때 '난 상황을 보고했으니, 대안은 네가 알아서 찾아봐'라는 식으로 보고하면 곤란합니다. 대안을 주관식이 아닌 객관식으로 제시해서 그 안에서 선택할 수 있도록 해야 합니다.

최 주임이 이렇게 보고했다면 어땠을까요? "차장님, 인도네시아 출장 가시는 날 본부장님이 타실 비즈니스석이 매진이라고 합니다. 그래서 대안을 찾아보니 경유 편으로 가거나(대안 1), 하루 전날 가거나(대안 2), 이코노미석으로 가는 방법이 있습니다(대안 3). 경유 편은 쿠알라룸푸르를 경유하는데, 환승 시간 포함해서 직항보다 5시간 더 걸리긴 합니다. 제 생각에는 본부장님을 이코노미석으로 모시는 것보다는 시간이 조금 걸리더라도 경유가 더 나을 것 같습니다"라고요. 이처럼 문제점만 들고 와서 던져놓는 것과 대안까지 검토해서 들고 오는 것은 하늘과 땅 차이입니다. 이러한 사안을 보고서로 작성할 때는 다음과 같이 표로 만들면 한눈에 들어오면서 상사가 선택을 하기가 쉽습니다.

구분	(1안) 경유	(2안) 하루 전 출국	(3안) 이코노미석 이용
소요시간	12시간	7시간	7시간
비용	1,400천 원	1,500천 원	500천 원
장점	비즈니스석 이용 일정변경 없음	비즈니스석 이용	일정변경 없음
단점	5시간 추가소요	하루 일찍 출발	불편(이코노미석)
선정(안)	◎	○	×

여기서 주목할 것은 가장 마지막 행에 있는 '선정(안)'입니다. 이는 담당자의 의견으로, "대안으로는 1, 2, 3안이 있습니다"라고 말하는 것과, "대안으로는 1, 2, 3안이 있습니다. 종합적으로 검토했을 때 1안이 가장 나을 것 같습니다"라고 말하는 것은 신뢰도에서 엄청난 차이를 가지고 옵니다.

만약 선정(안) 없이 대안만 제시했을 때 상사가 "자네는 어떻게 생각하나?"라고 묻는다면 어떻게 할 건가요? "저는 부장님 결정에 따르겠습니다!"라고 대답하면 부장님께서 "어이구, 이 친구 아주 훌륭하구먼!"이라고 할까요? 아마도 높은 확률로 '쟤 뭐야. 자긴 모르겠고 나보고 알아서 하라는 거야?'라고 생각하실 겁니다. 결정에 대한 최종 책임은 결재권자가 집니다. 하지만 보고서를 작성한 담당자는 부장님의 관점에서 가장 합리적인 대안을 제시해야 합니다.

대안을 제시할 때에도 글로 주절주절 쓰는 것보다 표를 이용해 항목별로 알아보기 쉽게 깔끔히 정리하는 것이 좋습니다. 앞서 보여드린 표에서도 의사결정 시 고려해야 할 주요사항별로 비교를 할 수 있도록 소요시간, 비용, 장점과 단점 그리고 담당자의 검토 의견까지 제시했습니다.

이렇게 비교 표를 만들어 보고서에 삽입하면 의사결정이 더 쉽고 깔끔해집니다. 마지막 담당자의 '선정(안)' 작성에 너무 부담 가질 필요는 없습니다. 어디까지나 담당자의 의견일 뿐이지 이걸로 최종 선정되는 것은 아니기 때문입니다.

　문제 상황을 보고했는데 상사가 화를 낸다면 상사의 괴팍한 성격을 탓하기 전에 담당자로서 내가 충분한 대안과 검토 의견을 제시하지 않았는지를 되돌아봅시다. 혹여 의견을 냈다가 책임을 뒤집어쓸까 걱정할 필요는 없어요. 상사는 결재 권한과 함께 책임도 지니까요. 일잘러 담당자는 상사의 오른팔이 되어 충실한 참모 역할을 하면 됩니다.

7

큰 그림을 보지 못하고 눈앞의 것만 본다

제가 고등학생 때 국어 선생님께서는 졸리면 교실 뒤로 나가서 서서 수업을 들으며 졸음을 떨치도록 했습니다. 하루는 수업을 듣다가 졸음이 와서 잠을 깨기 위해 교실 뒤로 나갔습니다. 졸음을 물리치며 칠판을 바라보는데, 어찌 된 일인지 칠판 글씨가 잘 보이지 않는 것이었습니다. '큰일 났다. 눈에 무슨 큰 문제가 생겼나보다'라는 공포심에 떨며 그날 바로 안과를 찾아갔습니다. 안과 의사 선생님은 제 눈을 진찰하더니 작은 종이에 알 수 없는 숫자를 몇 개 쓴 후 심드렁하게 제게 건넸습니다. "이게 뭔가요?"라고 물으니, "처방전입니다. 근시니까 안경점에 가서 안경 맞추세요"라며 별거 아니라는 듯이 말씀하시더라고요.

그렇게 안경 생활이 시작되었습니다. 다행히 근시가 아주 심하지는 않았지만 그래도 안경을 쓰지 않으면 멀리 있는 글씨를 알아보기 힘들어

안경을 계속 쓰게 되었습니다. 특히 안경 없이는 운전을 할 수 없었죠. 운전을 할 때는 바로 앞만 보는 게 아니라 시선을 멀리 두고 교통 흐름을 파악하며 가야 하니까요.

보고서를 작성할 때도 운전을 할 때처럼 최종 결재권자와 같이 높은 시선에서 멀리 내다볼 필요가 있습니다. 우리가 쓰는 보고서는 내용, 중요도 등에 따라 결재선이 다양하겠지만 가장 먼저 보는 사람은 차상위자나 부장님일 거고, 그다음으로는 이사님, 사장님 순으로 확인하게 될 겁니다. 즉, 내 보고를 받은 상사도 자신의 상사에게 보고한다는 뜻이죠. 여러분이 부장님께 보고를 했다면, 부장님은 그 보고서로 부서장님이나 임원에게 보고합니다. 만약 부장님의 상사가 부장님에게 보고서와 관련된 내용을 물어본다면 부장님이 그에 대한 답변을 해야 하죠. 따라서 여러분은 부장님이 부장님의 상사에게 어떤 질문을 받더라도 그에 대한 답변을 할 수 있도록 보고서를 작성해야 합니다.

그렇다면 최종으로 보고 받을 사장님까지 염두에 둔 보고서는 어떻게 써야 할까요? 먼저, 용어부터 문장까지 중학생도 이해할 수 있도록 쉽게 작성해야 합니다. 보고서를 작성하는 실무자는 전문 용어와 실무 관련 사항을 전부 알고 있지만 관리자는 그렇게 세세한 것까지 알 수 없습니다. 만약 이사님께 보고해야 하는 부장님이 여러분이 작성한 보고서 내용에 대해 자세히 모른다면 어떨까요? 보고하러 들어가기가 굉장히 부담될 것입니다. 따라서 부장님이 내용을 잘 이해할 수 있도록 보고서를 써야 합니다.

제 아이가 어릴 적에 오목을 함께 두곤 했습니다. 상대보다 먼저 바둑돌 다섯 개를 일렬로 놓으면 이기는 오목. 바둑에 비해 금세 승부가 가려지는 오목은 단순한 듯하지만, 우리 인생이 녹아있습니다. 아이가 오목을 처음 배웠을 때는 자신의 돌이 다섯 개가 되는 것만 신경을 쓰더군요. 하지만 몇 번의 패배를 겪으며 자기 돌만 신경 써서는 상대방을 이길 수 없다는 것을 깨달아 갔습니다. 바로 앞 수만 볼 게 아니라 여러 수 앞을 내다보며 상대방의 돌이 다섯 개가 되지 않도록 신경 써야 한다는 이치를 말이죠.

공자는 "사람이 멀리 내다보고 생각하지 않으면, 반드시 가까운 근심이 있다(人無遠慮 必有近憂; 인무원려 필유근우)"고 말씀하셨습니다. 사람은 누구나 눈앞에 닥친 일, 당장의 이익에 급급해 멀리 내다보지 못합니다. 하지만 이렇게 바로 앞에 보이는 상황만 생각하는 것은 바다에서 조난을 당했을 때 목이 마르다고 바닷물을 마시는 것과 같습니다. 당장은 갈증이 해결되는 듯해도, 수분 부족으로 체내 염분 농도가 높아진 상황에 염분 농도가 더욱 높은 바닷물을 몸 안으로 들이켰으니 곧이어 타는 듯한 갈증을 느끼게 되지요.

보고서 작성도 같은 이치입니다. 지금 내가 하고 싶은 말로만 보고서를 채우면 쉽고 빠르게 쓸 수 있겠죠. 하지만 부장님에게 이게 아니라고 한 소리 듣고 보고서를 보완해야 합니다. 부장님께 한 소리 들었으니 기분도 언짢아지고, 제대로 했으면 한 번에 끝났을 일을 두 번, 세 번 해야 하니 시간도 곱절로 들지요.

꾸중하는 부장님도 기분이 좋을 리 없습니다. 지시를 이해하지 못하고 편협한 관점으로 업무를 하는 부원들과 왜 빨리 보고 안 하냐고 재촉하는 임원 사이에 끼어 힘들기는 마찬가지니까요. 임원실에서 멋지게 보고하고 싶은 부장님의 마음을 잘 이해해서 부장님에게 날아올 만한 질문과 관련된 내용을 세심하게 담는다면 부장님은 여러분의 능력에 감동할 겁니다.

멀리 내다볼 수 있는 안목은 단지 '보고서 잘 쓰기'만으로 끝나지 않고 우리가 원하는 삶을 살아가는 데에도 도움을 줍니다. 눈 앞에 펼쳐진 달콤함에 심취해 그 자리에 주저앉지 않고 목표를 세워 달려나간다는 뜻이니까요. 목표가 없으면 어디로 나아가야 할지 알지 못하고 방황하느라 제대로 뛸 수 없습니다. 뛰다가 힘들면 쉬어야 하는데 목표까지 얼마나 남았는지도 모르고 얼마나 왔는지도 모르니 쉬면서도 불안해서 제대로 쉬지도 못하죠. 이렇게 뛰지도, 쉬지도 못하니 끝없이 긴장만 하다 결국 번아웃burn-out으로 나가떨어집니다.

2009년 막스 플랑크 인공두뇌학 연구소의 과학자 잔 소만Jan Souman 박

사 연구팀은 실험 참가자들에게 튀니지의 사하라 사막과 독일 비엔발트 숲을 똑바로 걸어가도록 하고 GPS로 참가자들이 걸은 경로를 추적했습니다. 그 결과 참가자 대부분이 직경 20m 이내의 원을 그리며 걸었다는 사실을 확인했습니다. 참가자들은 자신들이 직선으로 걸었다고 생각했고요.

이 연구를 통해 산이나 탑, 태양의 위치와 같은 뚜렷한 참조물이 없다면 아무리 똑바로 걸으려고 해도 결국 방향을 잃고 헤매게 된다는 사실이 과학적으로 입증되었습니다. 군인이나 탐험가들이 길을 찾아갈 때도 주변의 지형지물을 참조해 자신의 위치를 파악하여 방향을 잃지 않고 목표지점에 도달할 수 있는 것도 이와 같은 원리입니다. 우리의 삶도 글쓰기도 마찬가지입니다. 목표가 명확해야 그곳에 도달할 수 있습니다.

Chapter 4

사회초년생을 위한

한 번에 통과되는
보고서 작성법

1

하고 싶은 말을 한 문장으로 표현할 수 있는가

애플의 창업자 스티브 잡스Steve Jobs는 "자신이 말하려는 바를 아는 사람은 파워포인트를 필요로 하지 않는다"고 말했습니다. 본인이 암 투병으로 병원에 입원했을 때 치료 방향에 대해 파워포인트로 프레젠테이션하려던 의사에게 엄청나게 화를 냈다는 일화도 유명합니다. 스티브 잡스는 왜 이렇게 파워포인트에 거부반응을 보였을까요?

사람들은 본래 다른 사람들의 이야기에는 별로 관심이 없습니다. 이미자기 일로 머릿속이 복잡하기 때문에 다른 사람 일에 신경 쓸 겨를이 없기 때문이지요. 안 그래도 자기 일을 처리하느라 과부하 상태이기 때문에 뇌는 그다지 중요하지 않은 요소들을 신경쓰지 않습니다. 부득이하게 신경을 쏟을 필요가 있는 일은 단순하게 묶거나 연상을 통해 의미 있는 형태로 인지하려고 하지요.

상사나 임원들도 비슷합니다. 특히 임원은 자기가 맡은 조직의 여러 가지 업무 형태에 대해 공부하고 신경 써야 할 부분도 많습니다. 각 부서에서 올라오는 보고 또한 전혀 다른 분야들이죠. 어디 그뿐인가요? 자신의 결정으로 인한 파급력도 신경 써야 하고, 갖가지 문제들은 실타래처럼 얽히고설켜 풀기가 여간 힘든 일이 아닙니다. 실무자가 1차 보고하는 팀장님이나 부서장님들도 정도의 차이가 있을 뿐 크게 다르지 않아요.

여러분이 작성한 보고서는 이렇게 수많은 골칫거리로 머릿속이 어지러운 상태인 상사들이 보는 문서입니다. 그래서 상사들은 보고를 받을 때 '어떻게 하면 최소한의 에너지로 의사결정을 할 것인가?'에 집중할 수밖에 없습니다. 직원이 들고 온 보고서에 핵심이 명확하지 않다면 상사는 어떤 생각을 할까요? '도대체 하고 싶은 말이 뭐지?'라는 생각이 강해지다가 나중에는 짜증이 나기 시작할 겁니다. 여러분이 중간에 중요한 내용을 말하더라도 이미 집중도가 떨어져 제대로 듣지 못하고 지나칠 거예요.

팀장님이 여러분에게 지시한 보고서는 팀장님의 직접적인 지시일 수도 있지만 대부분 윗선의 지시를 받아 실무자인 여러분에게 내려오는 경우가 많습니다. 따라서 여러분이 작성한 보고서는 팀장님을 거쳐 원래 지시자인 부서장, 임원, CEO까지 올라갑니다. 그리고 위로 올라갈수록 머릿속은 더 복잡한 상태이기 때문에 점점 더 간단하게 핵심만 확인하고 싶어 하죠.

입장 바꿔서 생각해 봅시다. 여러분이 담당하는 사업 수행사에서 보고할 것이 있다며 실정 보고서를 들고 왔습니다. 보고서를 받아 든 여러분은 어떤 생각이 들까요? 아마 '핵심이 뭐지? 그래서 내가 뭘 어떻게 해야 하는 거지?'라는 생각이 들 겁니다. 역지사지로 생각해 보니 느낌이 딱 오죠? 맞습니다. 여러분이 들고 간 보고서를 받아드는 상사도 정확히 그렇게 생각합니다. 따라서 하려는 말을 딱 한 문장으로 깔끔하게 설명할 수 있어야 해요.

좀 더 구체적인 예를 들어보겠습니다. 박 대리가 관리하는 초롱숲에 병충해가 발생해서 A, B 구역 일대의 맥문동 잎이 누렇게 변했다는 보고가 들어왔습니다. 관리 업체에 가장 먼저 뭐라고 물어볼 건가요?

맞습니다. "어떻게 하는 것이 좋겠어요?"라고 물어봐야죠. 관리 업체에서는 두 가지 방안을 제시하는데, 첫 번째는 제초기로 병이 든 잎 부위를 짧게 깎는 방법, 두 번째는 농약을 치는 방법이 있다고 합니다. 가장 확실한 방법은 상한 잎을 짧게 쳐내고 새로운 잎이 나오게 하는 것이라 하고 비용도 적게 든다고 합니다.

일반적인 상황에서 박 대리라면 현재 상황을 있는 그대로 정리할 겁니다. '현황→주요 보고 내용(장소, 발생 일시, 발생 경위)→대응 방안' 이런 식으로 말이죠. 현안 보고는 잘 쓰는 것도 중요하지만 속도도 중요하기 때문에 박 대리는 얼른 아래와 같이 '현안 보고 #1'을 작성했습니다.

초롱숲 식생 관리현황 보고

☐ **용역개요**
  ○ 용 역 명: 초롱숲 식생 유지관리 용역
  ○ 용 역 비: 500백만원
  ○ 용역기간: 2024.1.~2025.12.(2년)
  ○ 수 행 사: 초롱조경(주)
☐ **병충해 발생 현황**
  ○ 발생위치: 초롱숲 내 어린이정원 A, B 구역 (10,000㎡)
  ○ 병충해 현황: 맥문동 식생구간에 붉은점무늬병이 발생하여 잎사귀가
    노랗게 변함
  ○ 발생원인: 붉은점무늬병은 곰팡이 포자로 확산되는 병으로 하절기에
    주로 발병
☐ **대응방안**
  ○ 방제방법: 병충해 발병구간 내 제초 실시
  ○ 소요기간: 1주
  ○ 예상비용: 4백만원

그런데 보고서를 작성하는 내내 '조금 있으면 맥문동이 개화하는데, 지금 잎을 깎아내면 올해는 꽃을 못 볼 거 같은데? 작년에 보라색 맥문동 꽃이 만개했을 때 뉴스에도 나오고 관람객들도 엄청 많이 왔었잖아. 올해는 맥문동 꽃을 기대하고 오는 사람들이 더 많을 텐데 어쩌지? 농약을 치면 병충해가 덜 번지려나?'라는 생각이 꼬리에 꼬리를 물며 마음 한

편이 영 찜찜합니다. 상사는 이런 의문이 훨씬 많이 들 테니 쏟아지는 질문 세례를 각오해야겠죠.

왜 이런 의문이 드는 걸까요? 작성자 본인에게 떠오르는 의문에도 결론을 내리지 못한 채 사실과 현황 위주로만 작성했기 때문입니다. 그러다 보니 상사에게 정작 무슨 말을 하고 싶은지도 모르겠고 마음만 불안해져서 이 얘기도 쓰고 저 얘기도 씁니다. 결국 보고서의 양만 잔뜩 늘어나면서 지저분해지고 핵심은 없는 텅 빈 보고서가 되고 맙니다. 그걸 읽는 상사의 짜증은 보너스고요.

보고서는 빙빙 돌아가는 게 아니라 지름길로 한 방에 가야 합니다. "병충해가 너무 많이 퍼졌기 때문에"와 같은 애매한 표현보다 "병충해 피해 구역이 10,000㎡입니다"처럼 구체적인 수치가 좋습니다. 진짜 일잘러는 여기서 한 걸음 더 나아가 "축구장 약 한 개 반 크기의 면적이 병충해를 입었습니다"라고 이해하기 쉽게 보고합니다.

보고서에서 내가 하고 싶은 말을 한 문장으로 요약할 수 없다면 고민을 덜 했다는 뜻입니다. 고민하고 고민할수록 내용은 점점 더 간결해집니다. "사실을 있는 그대로 쓰는 게 보고서 아닌가요?"라고 물을 수도 있습니다. 하지만 이런 생각을 했다면 일잘러가 되기에 2% 부족한 상태라고 할 수 있습니다.

우리의 일잘러 박 대리는 찜찜한 마음을 거두고 여러 가지 상황들을 정리하여 자신의 생각을 한 문장으로 정리했습니다. "곧 다가올 여름이면 맥문동이 만개하니 일단 병충해 확산 방지를 위한 농약 방제를 실시하고, 꽃이 지고 난 후 제초를 하겠습니다." 그리고 현안보고 #2와 같이 보고서를 수정합니다.

● ● 현안 보고 #2

초롱숲 내 맥문동 병충해 발생 대응방안 보고

◇ 초롱숲 맥문동에 발병하여 확산 중인 병충해는 농약살포로 확산을 저지하고, 꽃이 진 후 병잎을 제초할 계획임

□ 병충해 발생현황

○ 발생위치: 초롱숲 내 어린이정원 A, B 구역 (10,000㎡)

○ 병충해 현황: 맥문동 식생구간에 붉은점무늬병이 발생하여 잎사귀가 노랗게 변함

※ 붉은점무늬병은 피부습진처럼 기온과 습도가 높아질 때 맥문동에서 흔히 발생하는 병충해로 병잎 제거, 농약살포로 방제

□ 대응방안 검토

구 분	1안) 농약살포 후 제초	2안) 제초
장 점	맥문동 개화 가능	병잎 제거효과 확실
단 점	병잎 제거 지연	맥문동 꽃 볼 수 없음
소요비용	6백만원	4백만원
검토 (안)	○	

□ 향후 계획

○ 농약방제(살균제 20톤)를 실시하여 병충해 확산을 저지하고 맥문동 꽃 축제 이후 병잎 제초(7.5~)

○ A구역 식생보식 및 데크보수: 9.11~10.5.

현안 보고 #1과 같이 쓰면 내용을 외워야만 설명할 수 있습니다. 하지만 현안 보고 #2와 같이 핵심 내용을 한 문장으로 정리하면 보고서를 보지 않고도 자신이 검토한 최선의 대안들을 먼저 던진 후 왜 그렇게 판단했는지까지 줄줄 설명할 수 있죠. 보고를 받는 상사도 결론부터 파악하고 그 이유를 듣게 되니 납득하기도 쉽습니다. 이런 보고에서는 실무자가 놓친 부분이 있는지만 검토해 주면 되니 보고도 깔끔하게 끝납니다.

일잘러는 자신이 보고할 내용을 상사의 관점에서 끊임없이 고민하여 한 문장으로 정리합니다. 빙빙 돌아가지 않고 바로 핵심을 찌르니 결재도 바로 납니다. 일잘러는 메시지의 본질에 집중합니다. 본질을 정확히 이해하면 불필요한 미사여구는 필요가 없습니다. 고민을 많이 하면 할수록 전달하고자 하는 메시지는 간결해진다는 것을, 진짜 일잘러는 짧고 간결하게 핵심을 짚어낸다는 것을 상사는 알고 있습니다. 한 문장으로 설명할 수 없다면 그 보고서의 내용은 헛소리 대잔치일 가능성이 높습니다.

2

보고서는 첫인상이 중요하다

미국 프린스턴대 심리학과 알렉산더 토도로프Alexander Todorov 교수의 연구에 따르면 사람은 누군가를 처음 만났을 때 0.1초만에 상대에 대해 파악한다고 합니다. 제아무리 좋은 브랜드의 옷이라고 해도 딱 보는 순간 마음에 안 들면 절대 그 옷을 사지 않잖아요? 이처럼 겉모습은 첫인상의 절반 이상을 좌우합니다.

보고서에서도 첫인상의 법칙이 적용됩니다. 보고서를 펼쳤는데 깔끔하고 일목요연하게 정리되어 있으면 눈길이 가고, 적극적으로 읽고 싶은 마음이 생겨 빠른 의사결정도 가능해집니다. 결재판을 펼쳐 든 순간 잘 쓴 보고서인지 아닌지 단박에 파악되고 결재를 할지 말지도 순식간에 판가름 난다는 거죠. 잘 정리된 보고서는 내용도 충실할 가능성이 높습니다. 양질의 내용을 충실하게 담고 있다고 해도 보고서를 펼쳤을 때 전체 레이아웃도 엉망이고, 글꼴, 글자 크기도 제각각이면 시작부터 지고 들어가는 겁니다.

따라서 보고를 받는 상사의 눈에 딱 들어오도록 보고서를 편집해야 합니다. 보고의 목적 중 하나가 '결재'인 만큼, 맥락이 깔끔하게 들어오도록 편집해야 합니다. 글자 크기, 글꼴, 행간 조정, 문단 위 여백, 자간, 장평 조절과 같은 편집 기능은 모두 눈에 잘 들어오는 보고서를 만들기 위한 기능입니다. 가뜩이나 생각하고 결정해야 할 사항이 쌓여있는데 들쭉날쭉 너저분하게 작성된 보고서를 마주하면 내용이 아무리 좋아도 읽고 싶은 마음이 싹 사라지겠죠.

결재판을 열어보는 순간, 전자결재 문서를 열어보는 그 순간에 상사의 표정과 반응을 유심히 살펴보시기 바랍니다. 상사의 반응과 보고의 끝이 어떻게 끝나는지를 연계시켜보면 보고서의 첫인상이 얼마나 중요한지를 알게 될 테니까요.

저는 종종 기술제안서 평가나 설계심의에 참석합니다. 여러 회사가 제출한 설계나 기술제안서를 평가하죠. 경우에 따라 사전에 설계도서를 검토하고 가기도 하지만 대부분 그 자리에서 검토하고 발표 내용을 참고해 평가합니다.

짧은 시간 안에 여러 업체를 평가해야 하기 때문에 자료를 빠르게 검토해야 하는데요, 참 신기하게도 딱 펼치면 '아, 이 업체가 되겠구나'라는 느낌이 오는 문서가 있습니다. 실제로 평가가 끝난 후 평가 결과를 보면 저만 이렇게 느끼는 것이 아니라 함께 참석한 평가위원들도 비슷하게 생각했음을 알 수 있죠.

단순히 편집을 예쁘게 했기 때문에 선정한다는 뜻이 아닙니다. 내용을 정성 들여 작성한 업체의 보고서는 신기하게도 편집까지 깔끔하기 때문입니다. 아무리 예쁘게 편집을 해도 내용이 부실하면 어김없이 눈에 띄기 때문에 결코 좋은 평가를 받을 수 없습니다. 하지만 정성을 들여 작성한 보고서는 아주 사소한 표현에도 신경을 썼다는 것이 눈에 보일 수밖에 없습니다. 이런 작은 정성들 하나하나가 모여 평가위원의 눈에 띄는 것입니다.

보고서를 통해 전달하려는 메시지가 손실 없이 온전히 전달될 확률은 20% 미만이라고 합니다. 나머지는 상대방의 집중 저하 등으로 인해 손실되죠. 그렇다면 손실되는 메시지를 고려해 더 많은 메시지를 보고서에 담아야 할까요?

결론부터 말씀드리면 "아니요"입니다. 오히려 내용이 많으면 많을수록 손실률이 더 커집니다. 혹시 옆 부서 동기가 작성한 보고서를 집중해서 읽어본 적 있나요? 아마 없을 겁니다. 관심도 없을뿐더러 복잡한 내용이기 때문에 굳이 읽고 싶지 않으니까요. 읽었을 때 단번에 이해되는 보고서는 흔하지 않습니다. 읽고 이해하는데 엄청난 집중과 노력이 필요하죠. 따라서 상사가 보고서를 관심 있게 읽고 흔쾌히 결재해 주길 바란다면 한눈에 딱 들어오도록 편집하는 성의를 보여야 합니다.

"아니, 엔지니어가 데이터만 잘 전달하면 되지 형식이 뭐 중요하다고. 공대 출신은 문과 출신보다 글쓰기 실력도, 편집 기술도 좀 떨어지는 게 당연한 거 아니야?"라고 반문할 수도 있습니다. 하지만 입장 바꿔 생각해 봅시다. 이사님이 "백 과장은 공대 출신이니까 이 정도면 잘 쓴 거지"라고 감안하며 읽어줄까요? 이런 생각을 한다는 자체가 아마추어라는 것을 인정하는 꼴이니 애초에 이런 생각은 안 하는 게 좋습니다.

'편집'을 대하는 태도부터 바로잡아야 합니다. 편집은 단순히 보고서를 예쁘게 꾸미기 위한 쓸데없는 장식이 아닙니다. 상사에게 잘 보이기 위해, 아부하기 위해 하는 작업이 아니라 열심히 작성한 보고서의 메시지가 잘 전달되도록 하기 위한 필수 작업입니다. 훌륭한 내용의 보고서라 하더라도 상사로 하여금 읽고 싶은 마음이 들도록 하지 않으면 아무 소용 없으니까요.

보고서를 작성할 때 생각해야 할 것이 하나 더 있는데, 바로 '노안'입니다. 요즘은 30대 임원도 있지만, 보고를 받는 상사들은 대부분 40대 중반 이상의 연령대입니다. 40대 중후반이 넘어가면 누구나 피할 수 없는 노안이 오기 시작하죠. 안 그래도 눈이 침침한데 글자가 작고 빽빽하게 쓰인 보고서라면 많은 인내심을 불러일으킬 것입니다. 이런 상황에서

큼직큼직한 글자로 시원시원하고 깔끔하게 작성된 보고서가 있다면 펼쳐 드는 순간 이기는 게임이 됩니다.

좋은 첫인상을 가진 보고서를 만들기 위해서는 상사가 읽기 편하게 작성해야 합니다. 이것은 상대방을 배려하고 존중하는 마음이기도 합니다. '네가 알아서 보고 이해해'라는 식이 아니라 '당신이 궁금해하는 부분에 대한 답이 여기에 있습니다'라는 마음가짐으로 작성한다면 그 마음이 보고서 곳곳에 녹아들 수밖에 없습니다. 상대에 대한 고민이 모이고 모여 정성스럽고 보기 좋은 보고서, 펼치자마자 읽고 싶은 보고서로 재탄생하게 됩니다.

3

요약 보고서 임팩트 있게 쓰는 법

대학에서 강의를 하며 글쓰기에 대한 고민이 있는 학생들을 만나다 보니, 사회에 나가서 당장 써먹을 수 있는 글쓰기 비법을 알려주면 좋겠다는 생각이 들었습니다. 어떻게 하면 효과적인 연습이 될까 고민하다가, '한 페이지 요약 보고서 작성'을 떠올렸습니다.

현업에서 요약 보고서는 굉장히 유용하게 쓰일 뿐만 아니라 내용을 완전히 숙지해야만 작성할 수 있어 글쓰기 훈련에 일석이조의 효과가 있기 때문이죠. 실제로 많은 기업에서 한 페이지 요약 보고서를 많이 사용하는데, 불필요한 내용을 걷어내고 목표를 향해 질러가는 지름길과 같은 역할을 하는 매우 효율적인 의사소통 방식입니다.

공대 학생들에게 '보고서 쓰기 과제가 먹힐까?'라는 의구심도 살짝 들었지만 한 번 해보기로 했습니다. 개강 후 몇 주가 지난 어느 날, 학생들에게 그간 배운 내용을 요약해 보라는 과제를 내주었습니다. 과제를 내며 제시한 조건은 다음과 같았습니다.

"이 보고서 하나로 여러분의 취업 여부가 결정된다고 생각하고 써보세요. 면접관이 이 보고서를 검토하는데 쓰는 시간은 단 5분이라는 가정하에 여러분이 배운 내용을 알릴 수 있도록 써야 해요. 분량과 서식은 제한이 없지만 첫 장은 반드시 한 페이지로 요약해야 합니다. 좋은 점수를 받으려면 쉽고 간단하게 설명하세요." 제가 내어준 과제를 들은 학생들의 표정은 당황한 기색이 역력했습니다.

요약 보고서는 일반 보고서보다 작성하기가 더 까다롭습니다. 핵심을 파악하지 못하면 한마디로 설명할 수 없기 때문이죠. 그래서 진짜 실력은 요약하는 능력에서 판가름 납니다. 논리 흐름은 유지한 채 방대한 내용을 한 장에 담아야 하므로 내용 숙지와 짜임새 있는 표현이 필수죠.

요약 보고서를 만들라고 했더니 자간, 장평, 줄간격을 줄여 한 페이지에 빽빽하게 욱여넣는 경우도 가끔 볼 수 있는데요, 이렇게 물리적으로 압축하는 방법은 보고서 작성이 서툰 사람들이 흔히 저지르는 실수입니다. 요약하는 과정에서 핵심 내용이 아닌 것들을 생략하는 작업이 필요하지만, 그렇다고 필요한 내용까지 모두 생략하면 안 됩니다. 너무 많이 생략할 경우 불완전한 문장이 되거나, 무슨 말인지 알기 힘들 정도로 스토리 없이 단어들만 나열되는 참사가 벌어지니까요. 다른 사람이 이해할 수 없으면 그 문서는 의미가 없습니다.

일단 요약 보고서의 제목은 이 보고서가 무엇에 대한 보고서인지를 확실하게 알릴 수 있는 내용으로 작성해야 합니다. 보고서를 통해 전달하고자 하는 핵심과 결론을 서두에 언급함으로써 '이 보고서는 이걸 말하려는 겁니다'라는 결론을 처음부터 두괄식으로 제시해야 합니다. 그 다음 상사가 궁금해할 만한 내용을 스토리라인에 따라 설명하면 됩니다.

다음 페이지에서 예시를 비교해 보겠습니다. 우선 제목을 볼까요? '수정 전' 보고서는 글씨 크기를 동일하게 하여 한 문장으로 작성했습니다 (①). 한편 '수정 후' 보고서는 큼직하게 '착수보고회 개최계획(안)'이라고 쓴 후 그 위에 세부설명을 달아놓았네요(①'). 이렇게 하면 결재권자는 보고서를 받아들자마자 '착수보고회 개최 계획에 관련된 보고서구나! (작은 글씨로 된 부분을 읽고) 초롱숲 이용만족도에 관한 내용이군!' 이라고 한눈에 알 수 있죠. 또한 ①″과 같이 상단 박스에 '보고 요지'를 기재해 요약 보고서를 한 번 더 요약하여 알기 쉽게 정리해 두었습니다. 제목과 보고 요지만으로도 무슨 얘기를 할 것인지 상사의 뇌리에 박혀 이후 설명하는 내용이 쏙쏙 들어오겠죠. 한편 수정 전 보고서에는 이런 사항이 없어 첫 부분만 보고 요지를 파악하기 어려울 겁니다.

다음은 ②와 ②'에 해당하는 착수보고회 개요입니다. 수정 전에는 회의에 대한 사실관계(일시, 장소, 참석자)만 전달하는 반면, 수정 후에는 사실관계뿐만 아니라 '회의안건'이라는 부분을 넣어 주요 안건을 언급했습니다. 세부 일정도 불필요한 것들은 다른 것과 합치고, 큼직한 내용 위주로 편집하였습니다. 다만, 이 부분은 필요에 따라 아주 자세히 써야 하는 경우도 있으니 상황에 맞게 정리하면 됩니다.

마지막으로 '향후 계획'입니다. 보고를 받은 결재권자는 늘 '그래서 뭐

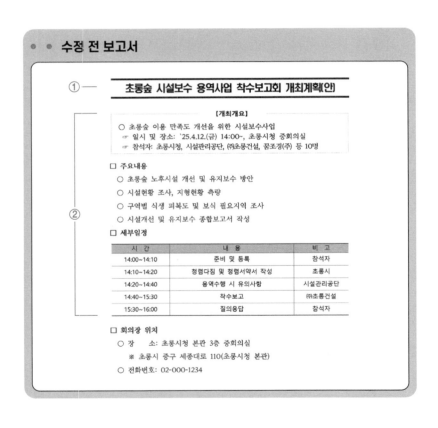

어떻게 할 건데?'를 궁금해합니다. 따라서 수정 후 보고서 하단과 같이 이번 착수보고회 이후 무엇을 할 것인지까지 보고서에 언급하면 "음, 훌륭하군. 수고했어요!"라는 말과 결재를 받을 수 있게 되겠죠. 한편, 수정 전 보고서에는 향후 계획에 대한 언급이 없네요.

요약 보고서는 게시판에 붙어있는 포스터와 같이 전달할 내용이 한눈

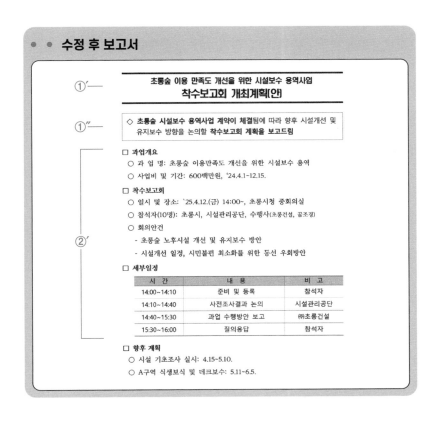

에 들어오도록 작성하는 것이 정말 중요합니다. 축제 행사 알림 포스터를 만들 때, 이게 무슨 행사인지, 언제, 어디서 하는지, 누가 오는지 등을 중점적으로 어필합니다. 하지만 출연자 섭외방법, 예산 배정에 들인 노력 등은 포스터를 볼 사람들에겐 중요한 정보가 아니므로 담지 않습니다. 만약 욕심이 과해서 한 장의 포스터에 너무 많은 내용을 담으면 어떻게 될까요? 아마도 굉장히 지저분해져서 아무도 보려고 하지 않을 거고, 결국 진짜 전달하고자 했던 메시지는 전달이 안 되겠죠.

중요한 내용은 충분히 다루되, 굳이 알지 않아도 되는 것은 과감히 걷어내 보세요. 상대방이 궁금해하는 내용으로 작성한 보고서, 그것이 바로 결재를 부르는 요약 보고서 작성 비법입니다.

이미 결재 받은 보고서를 벤치마킹하라

보고서를 아무리 잘 쓰는 사람이라도 백지에서 보고서를 쓰라고 하면 쉽게 시작하기 어렵지만, 결재를 받은 문서를 참고하면 베이스캠프에서 등반을 시작하는 것처럼 상대적으로 쉬워집니다. 기본 틀도 어느 정도 활용할 수 있고, 좋은 표현들도 쓸 수 있는 게 많아 매우 유용하죠. 그리고 무엇보다 기결재 문서를 참고하면 '기본 치기'는 가능하다는 것입니다. 이게 무슨 말인가 하면, '결재를 받았다'는 건 결재 과정에서 이미 수많은 사람의 검토가 이루어졌다는 뜻이기 때문에 품질이 어느 정도 확보되었다는 의미입니다.

따라서 보고서를 써야 할 때 가장 먼저 해야 할 일은 이미 결재받은 보고서를 찾아서 벤치마킹하는 것입니다. 특히 CEO나 임원이 결재한 보고서를 참고하면 도움이 많이 되죠. 이 방법은 빠른 시간 내에 괜찮은 보고서를 만드는 가장 효과적인 방법 중 하나입니다. 내가 쓰려는 보고서와 유사한 보고서를 찾아 참고하는 게 가장 좋지만, 내 입맛에 딱 맞는 보고서를 찾기란 쉬운 일이 아닙니다. 이럴 때는 주제나 분야가 다르더라도 다양한 형태의 보고서를 확보하면 도움이 됩니다. 보고서를 상사의 마인드로 바라보면 이 보고서에서 어떤 메시지를 어떤 식으로 전달하려 했는지가 보일 겁니다.

하지만 보고서를 당장 작성해야 하는데 보고서를 찾아보는 것 자체가 쉽지 않을 수도 있습니다. 특히 전자문서화가 안 되어 있거나, 다른 부서의 문서는 볼 수 없게 권한이 막혀 있다면 더더욱 그렇습니다. 따라서 다람쥐가 한겨울을 대비해 도토리를 모으듯 관련 자료를 평소에 모아둬야 합니다. 도토리와 같은 소중한 자료들의 대표주자는 사내 문서, 신문, 관련 분야 보고서입니다.

첫 번째 도토리인 사내 문서를 살펴봅시다. 일정 규모 이상의 회사에서는 전자문서를 주고받고, 주요 문서들은 모두가 볼 수 있도록 공람을 시킵니다. 이런 문서는 대개 높은 분의 결재를 받은 경우가 대부분이기에 쓸만한 자료들이 많습니다. 특히 기획 부서에서 작성한 보고서나 CEO의 결재를 받은 보고서들은 평소에 미리미리 저장해두면 큰 도움이 됩니다.

한편, 이미 결재받은 보고서를 벤치마킹하라고 했더니 전임자가 예전에 작성해 놓은 보고서를 주어와 숫자만 살짝 바꿔 결재를 올리는 경우도 있습니다. 이미 결재받은 보고서를 참고해서 작성한 건데 지적받았다고 애꿎은 상사의 성격을 탓하진 마세요. 만약 이런 방식으로 일하고 있다면 머지않아 AI에게 대체되기 딱 좋은 방식으로 일하고 있는 것입니다. AI가 가장 잘하는 것이 바로 이런 일이니까요.

두 번째 도토리는 신문입니다. 신문 기자들은 기사를 쓰기 위해 혹독하게 훈련을 할 뿐만 아니라 데스크(편집실)에서 대중의 이목을 끌 수 있도록 제목을 수정하고 체계적인 논리에 따른 편집을 거쳐 기사를 싣습니다. 따라서 평소에 신문을 읽으며 괜찮은 제목, 칼럼 등을 스크랩해두며 기자들의 헤드라인 뽑는 관점을 배워두는 것이 좋습니다.

세 번째 도토리는 관련 분야 보고서입니다. 국가에서 발간하는 정책보고서, 민간 경제연구소와 각종 협회에서 발간한 보고서들을 말합니다. 이런 보고서들은 각 분야 전문가의 검토를 거쳐 발간하기 때문에 참고할 만한 표현, 좋은 단어와 문장이 많습니다. 또한 논리 전개 방식 측면에서도 배울 점이 많은 자료입니다. 이런 보고서들을 평소에 미리 봐두고 도토리처럼 차곡차곡 쌓아놨다가 필요할 때 참고하면 내가 쓸 보고서의 품질을 높여줄 매우 훌륭한 자료가 됩니다.

이와 같이 여러 자료를 벤치마킹하는 것은 유리한 시작을 보장합니다. 다만, 벤치마킹은 단순히 복사, 붙여넣기를 하라는 말이 아닙니다.

기존에 결재받은 보고서들을 철저히 분석해 온전히 내 것으로 이해하고 활용해야 합니다. 그래야만 참고하기 좋은 보고서와 그렇지 않은 보고서를 볼 수 있는 안목이 생깁니다. 이 안목이 생겨야 기존 보고서보다 더 나은 보고서를 만들 수 있습니다. 기존 보고서를 복사, 붙여넣기만 한다는 건 머지않아 AI에게 대체될 사람임을 자처하는 것입니다. 설령 '복붙'을 하더라도 늘 비판적인 생각, 발전하기 위한 고민과 시도를 거듭하시기 바랍니다. 이러한 창의적인 생각이 나를 일잘러로, 에이스로, 대체 불가능한 사람으로 만들어줄 테니까요.

5

한번에 선택 받는 보고서 제목 뽑는 법

제목이 가진 힘은 엄청납니다. 멀리 볼 것도 없이 이용자가 많은 포털 사이트에 올라오는 언론사 기사 중 조회수가 많은 기사를 생각해 보면 이해하기 쉽습니다. 끊임없이 쏟아지는 기사 중에서 궁금증을 불러일으키는 제목 만이 대중의 선택을 받습니다. 유튜브도, 보고서도 마찬가지입니다. 제아무리 좋은 내용이라 하더라도 사람들의 선택을 받지 못하면 나온지도 모르고 묻혀 버리는 수많은 콘텐츠 중 하나에 불과하게 됩니다.

오랜 시간 고민해 만든 보고서를 상사가 읽고 싶게 만들려면 제목을 잘 뽑아야겠죠. 그렇다면 어떻게 해야 상사의 시선을 끌어 승인을 받을 수 있는 제목을 뽑을 수 있을까요? 네 가지 방법을 소개하겠습니다.

첫째, 상사의 관심을 끌어야 합니다. 좋은 제목을 뽑을 때는 역지사지,

즉 '내가 상사라면 어떤 내용이 궁금할까?'라고 생각해 보면 답이 나옵니다. 직장 상사가 여러분이 쓴 보고서를 아이돌 그룹 콘서트 기다리듯이 기대하고 있을 거라 생각하면 완전히 오산입니다. 상사는 여러분의 보고서 말고도 훨씬 골치 아프고 복잡한 일로 이미 골치 썩고 있을 가능성이 99%입니다. 이런 상황에서 상사의 눈에 들어오게 하려면 상사의 관점으로 바라봐야 합니다. 다음 제목안을 봅시다. 여러분은 어떤 것을 고를 건가요?

---

① 신규 인사발령 직원 교육계획(안)

② 직급과 직렬별 특성을 반영한 개인 맞춤형 교육계획(안)

아마 높은 확률로 ②를 고를 것입니다. 만약 상사가 '어떻게 하면 이번 인사발령으로 전입 온 직원들을 빠르게 업무에 적응시킬 수 있을까?'를 고민하고 있었다면 ②번 제목의 보고서가 엄청 반가울겁니다.

물론 ①번처럼 제목을 달았다고 해도 상사가 보고서를 안 읽지는 않겠죠. 하지만 심드렁한 마음으로 펼친 보고서와 가려운 곳을 시원하게 긁어주는 보고서 중 어떤 보고서를 긍정적으로 검토할지는 불 보듯 뻔합니다.

둘째, 보고서의 핵심 내용을 담아야 합니다. 보고서 제목을 보면 대부분 '○○계획(안)', '○○개선방안'과 같이 너무 단조롭게 다는 걸 느낄 수 있습니다. 이런 제목이 잘못된 건 아니지만 보고서의 핵심이 전혀 담겨 있지 않기 때문에 읽기 전까지는 내용 파악이 전혀 안 됩니다. 만약 신문 기사 제목이나 유튜브 영상 제목을 이렇게 달았다면 클릭하는 사람이 거의 없을 거예요. 예를 하나 들어보겠습니다. 공사 현장에서 문제가 발생해서 공사 기한이 계획보다 미뤄지게 생겼습니다. 이에 대한 공정 만회 계획 보고가 올라왔는데 다음과 같이 제목이 달려 있다면 여러분은 어떤 보고서를 먼저 집어 들 것인가요?

① A현장 공정 만회계획(안)
② [A현장] 구역별 문화재 발굴조사 추진을 통한 공정 만회 계획(안)

높은 확률로 ②번 보고서를 집어 들겠죠. 안 그래도 공사 기한이 당초 계획보다 늦어지고 있어 발주처뿐만 아니라 CEO로부터 지적을 받고 있던 상황에서 이런 보고서는 상사에게 가뭄에 단비 같은 존재입니다. 게다가 ②번은 보고서 내용을 읽지 않아도 어떻게 하겠다는 건지 해결 방안까지 담겨 있기 때문에 제목을 읽는 순간부터 파악이 다 됩니다.

게다가 제목 앞에 [A현장]이라고 글머리를 달아 이 보고서가 A현장에 대한 것인지 B현장에 대한 것인지도 구분하여 알릴 수 있습니다. 이런 글머리는 특히 여러 현장이 동시에 진행되거나 다양한 사업이 복합적으로 진행될 때 인덱스 역할을 하여 매우 효과적입니다. 방식은 회사 특성이나 상황에 따라 『A현장』 또는 "A현장"과 같이 다양하게 표현하시면 됩니다.

셋째, 전달하고자 하는 바를 내용+초점으로 좁혀야 합니다. 보고서 제목에 내용을 너무 광범위하게 담으면 핵심이 흐트러져 내용 전달이 잘 안 됩니다. 전달하고자 하는 내용을 골라 초점을 좁히는 방식으로 제목을 만들면 수월합니다. 좀 더 구체적으로 말씀드리자면, '전달하고자 하는 내용'은 '이 일을 왜 하지?'에 대한 답이고, '초점'은 '어떻게 할 건데?'에 대한 답입니다. 예를 들어보겠습니다.

● ● ● 사례 1

기존 제목	초롱공원 시설물 개선공사 계획(안)
이거 왜 하지?	기존에 시설이 노후 되어 보수가 필요하기 때문에
어떻게 할 건데?	영유아 체험 기능을 강조한 시설물로 교체할 예정임
수정된 제목	영유아 체험 기능에 초점을 맞춘 초롱공원 시설물 개선공사 계획(안)

기존 제목	민원 키오스크 메뉴 개선계획
이거 왜 하지?	어르신들이 무인 민원 발급기 이용에 어려움을 호소하기 때문에
어떻게 할 건데?	'고령층 친화 디지털 접근성 표준'을 반영하여 화면구성 개선
수정된 제목	어르신 이용 편의성을 고려한 무인 민원발급기 화면구성 개선방안

이처럼 제목에 '왜'와 '어떻게'를 넣어 멋진 제목을 만들 수 있습니다.

마지막으로 기대효과 담기입니다. 보고서는 늘 상대방 입장에서 생각하고 작성해야 한다고 말씀드렸습니다. 이 점을 제목에 적용하는 거죠. 은행 이용 고객의 편의성을 높이기 위해 영업점 종료시간을 늦추는 사례들이 시도되고 있습니다. 실제로 KB국민은행은 영업점 종료시간이 기존 오후 4시가 아닌 오후 6시까지 운영하는 'KB 9 To 6 뱅크'를 운영하고 있죠. 이걸 기획한 직원은 기획서에 어떤 제목을 붙였을까요?

① 영업점 연장운영 계획(안)

② 고객 편의 향상을 위한 'KB 9 To 6 뱅크' 운영 계획(안)

①번은 흔한 제목입니다. 게다가 보고서 제목으로 사용하기엔 구체적

인 정보가 전혀 담겨있지 않습니다. 단순하게 영업점 운영시간을 연장하겠다는 것보다 왜 늘리는지, 얼마나 늘리는지, 어떤 이점이 있는지가 모두 담겨있는 ②번 제목이 적합합니다.

앞에서 살펴본 바와 같이 제목을 작성할 때에는 상사의 관심 끌기, 보고서의 핵심 담기, 전달하고자 하는 바를 내용+초점으로 좁히기, 기대효과 담기 이 네 가지 방법을 활용한다면 한 번에 통과되는 보고서 제목을 뽑을 수 있을 것입니다.

6

보고서에도 '스토리텔링'이 필요하다

우리는 바쁘다는 말을 입에 달고 살지만 짬을 내어 웹툰을 보고 늦은 밤까지 OTT 시리즈물을 보다 잠들기도 합니다. 그렇게 피곤하고 바쁜 와중에도 왜 굳이 그런 행동을 하는 걸까요? 그건 바로 '스토리' 때문입니다. 웹툰 작가나 시나리오 작가들은 '인물, 배경, 사건'이라는 스토리텔링의 기본 구성요소로 스토리를 만들고, 독자는 그렇게 만들어진 세계에 순식간에 빠져듭니다. 그렇다면 보고서를 작성할 때도 상사가 빠져들 수 있는 스토리를 만들어보면 어떨까요?

어? 그런데, 보고서는 문학작품 쓰듯이 작성하면 안 된다고 했으면서 갑자기 무슨 스토리텔링이냐고요? 여기서 말하는 스토리텔링이란 결재권자가 궁금해할 만한 내용을 상상하고 그에 대한 답을 함으로써 자연스럽게 납득이 가도록 하는 구조를 말합니다.

환경안전팀에서 근무하고 있는 박 대리가 안전관리 강화 방안에 대해 보고서를 작성하기 전에 가장 먼저 해야 할 일이 있습니다. 스스로 결재권자라고 상상하고 '이거 왜 하는 거지?', '내가 결재권자라면 뭐가 궁금할까?'를 생각하는 거죠. 그래야 스토리 구조를 짤 수 있으니까요. 결재권자는 '이걸 왜 보고하는 걸까? 그래서 그동안 뭘 해왔고, 앞으로 어떻게 하겠다는 건데?'라는 생각을 할 겁니다. 따라서 이에 대한 답을 하나하나 해나가면 됩니다.

먼저, '이걸 왜 보고하는 거지?'에 대해 답을 해봅시다. 여기에서는 '중대재해처벌법이 시행되었다. 그러나 현장에서는 여전히 많은 사고가 발생한다. 중대재해가 발생할 경우 당사자도 사업주도 서로 안 좋아지니 사고를 예방하기 위해 다각적인 관리가 필요하다'는 말을 해야겠죠. 결재권자 입장에서는 '현장에서 중대재해가 발생하면 나도 형사책임을 져야 해. 어떻게 하면 사고 안 나게 하지?'가 가장 관심사일 테니까요.

그다음 '그동안 뭘 어떻게 해왔어?'라는 물음에 대답해야겠죠. 여기에는 '작년 안전관리 추진 실적'을 넣어 그동안 꾸준한 노력을 기울여왔다는 사실을 알립니다. 그리고 마지막으로 '그래서 앞으로 어떻게 하겠다는 건데?'에 대한 대답으로 마무리해야 합니다. 여기에는 '올해는 더욱 다양한 각도에서 안전관리를 강화할 계획이며 구체적인 방안으로는 다음과 같은 것들이 있다'는 내용을 넣어주면 깔끔한 스토리텔링 보고서가 완성됩니다.

결국 마지막 부분이 보고서의 핵심 내용입니다. 여기서도 말하고자 하는 내용을 일렬로 나열하는 방식이 아니라 비슷한 것끼리 묶어야 합니다. 여러 개의 꼭지를 그냥 나열하면 머릿속에 구조화가 되지 않기 때문이죠. 꼭지가 3, 4개를 넘어가면 결재권자는 집중도가 떨어지면서 '그래서 뭘 어떻게 하겠다는 거지?'라는 의문이 생기기 시작합니다. 따라서 한눈에 들어오는 보고서를 작성하기 위해서는 여러 개의 꼭지를 일일이 나열하기보다는 비슷한 항목끼리 묶는 것이 효과적입니다.

이처럼 정보를 그냥 쭉 나열하기만 하면 각 꼭지는 흩어진 정보일 뿐 각각 어떤 체계를 갖춘 것인지 알 수 없고, 상사는 흩어진 정보 안에서 의미를 찾기 위해 애를 써야 합니다. 그럼 자꾸 질문거리가 생기고 머릿속은 복잡해지고 짜증이 나면서 보고서가 마음에 안 들기 시작하죠. 결국 보완해 오라는 말로 마무리됩니다.

다음 두 보고서를 살펴봅시다. 왼쪽에 있는 수정 전 보고서는 스토리라인 없이 처음부터 끝까지 쭉 문장으로 서술한 것이고, 오른쪽에 있는 수정 후 보고서는 스토리라인을 따라 무슨 일을 왜 하는지, 앞으로 어떻게 할 계획인지를 적용해 작성한 것입니다.

수정 전 보고서는 처음부터 끝까지 전부 읽어야 이해가 가능합니다. 또한 구조화가 되어 있지 않아 머릿속에 잘 들어오지 않지요. 반면, 수정 후와 같이 스토리라인을 만들어 작성하면 보고를 하기에도 편합니다.
보고서를 팀장님께 드리며 "팀장님, 지난번 말씀하신 올해 안전관리 계

초롱건설(주) 안전관리 계획

중대재해처벌법이 시행되었음에도 불구하고 현장에서는 여전히 사고가
많이 발생하고 있습니다. 고용노동부 보도자료에 따르면 최근 5년간 건설
분야 산재 사망자는 총 00명으로 나타났습니다. 직원들이 안심하고 일할
수 있는 일터를 만들기 위해 안전경영책임계획과 안전보건활동에 전직원
이 참여하도록 할 필요가 있습니다. 이렇게 할 경우 우리 회사 안전보건경
영방침인 '안전 최우선 일터 조성'을 구현할 수 있을 것으로 예상됩니다.

올해 안전경영책임계획의 목표는 '사고성 사망재해 Zero'를 달성하는 것
입니다. 세부적으로는 안전관리체계를 개편해 전 직원의 안전활동 참여를
유도하고, 전략적 안전문화확산 추진으로 안전을 내재화하려고 합니다.
마지막으로 고위험 업무를 중점적으로 관리해 중대재해를 사전에 예방할
계획입니다.

주요 추진 내용으로는 크게 네 가지입니다. 첫째, 안전경영책임계획 과
제를 전사에 공유해 실효성 있는 안전관리를 하겠습니다. 둘째, 안전보건
경영 시스템의 PDCA절차를 이행을 강화하겠습니다. 셋째, 고위험 작업과
도급사업을 중점적으로 관리해 안전확보를 강화하겠습니다. 넷째, 전사적
차원의 근로환경과 직원 건강상태를 관리하는 보건활동을 추진할 계획입
니다.

획안입니다"라는 말씀만 드리면 됩니다. 그러면 팀장님은 보고서를 쭉
읽어 내려가겠죠.

● ● ● **수정 후 보고서**

초롱건설(주) 안전보건활동 운영계획

1. 추진배경

□ 안전경영책임계획과 안전보건활동에 전직원 참여를 유도해 안전
보건경영방침인 **"안전 최우선 일터 조성"**을 구현하기 위함

※ 최근 5년간 건설분야 산재사망자 총 OO명 발생(고용노동부 보도자료)

2. 올해 안전경영책임계획 추진방향

□ **(안전경영 목표)** 사고성 사망재해 Zero 달성

□ **(운영방향)**

○ 안전관리체계 개편으로 전 직원 안전활동 참여 유도

○ 전략적 안전문화 확산활동 추진으로 안전 내재화

○ 고위험 업무 중점관리로 중대재해 사전예방

3. 주요 추진내용

1 **안전경영책임계획 과제관리:** 추진과제를 공유강화로 실효성 있는
안전관리 추진

2 **안전보건경영시스템 운영:** 안전보건 경영시스템의 PDCA 절차 이행

3 **안전활동:** 고위험·도급사업 중점 관리로 안전확보 강화

4 **보건활동:** 전사적 차원의 근로환경·건강상태 관리

팀장님의 눈이 '3. 주요 추진내용'에 이르렀을 때 이렇게 덧붙여 봅시다.

박 대리

> 올해는 현장 내 안전경영 책임계획 과제관리, 안전보건경영시스템 운영, 안전 및 보건활동이라는 네 가지 방향으로 추진하고자 합니다.

> 음, 그래요. 이렇게 정리하니까 보기 좋네요. 작년에 추진한 부분 중에서 이사님이 말씀하신 부분을 특별히 강화하는 거라 이사님도 아주 만족하시겠어요. 오후에 이사님 보고 들어갈 때 같이 갑시다. 고생했어요.

정 팀장

박 대리는 보고하러 간 지 5분이 채 되기도 전에 자리로 돌아올 수 있었습니다. 이게 가능했던 이유는 바로 결재권자의 입장에서 궁금할 내용을 생각하고 그에 대한 답을 했기 때문입니다. 만약 박 대리가 안전관리 계획을 서술식으로 쭉 풀어썼다면 검토에도 오랜 시간이 걸릴 뿐만 아니라, 이해가 안 되는 부분에 대해 지적하며 폭풍 질문을 시작했을 겁니다. 상사가 내용에 의문을 품기 시작하면 질문이 꼬리에 꼬리를 물며 나오게 됩니다. 의문이 생길수록 보고서에 대한 신뢰도가 떨어지기 때문에 보완지시가 떨어지게 되지요. 질문에 어버버하는 박 대리의 이마와 등골에 흐르는 식은땀은 덤입니다.

한눈에 들어오는 구조를 짜기 위해서는 상사의 마인드로 생각해 본

후 그에 대한 답을 스토리라인에 따라 작성해야 합니다. 아울러 보고 내용을 그냥 나열하지만 말고 비슷한 성격끼리 묶어 큼직한 덩어리로 구분하면, 보다 쉽고 빠르게 이해할 수 있는 보고서 구조가 만들어지는 것이지요.

문서의 가독성을 높이는 편집 노하우 8가지

요즘은 종이신문을 잘 보지 않지만, 임원 중에는 여전히 여러 언론사의 종이신문을 보며 세상 돌아가는 것을 파악하는 분들이 많습니다. 그분들은 시간을 분 단위로 쪼개서 쓰기 때문에 짧은 시간 내에 최대한 많은 내용을 보기 위해 각 신문의 헤드라인 위주로 빠르게 훑어 내려갑니다. 그리고 눈길이 가는 기사를 선택적으로 읽죠.

그래서 신문사 편집실에서는 어떤 기사를 맨 위로 올릴지, 어느 기사에 얼만큼의 지면을 할당할지, 헤드라인 크기는 어느 정도로 할지 등을 치열하게 고민해서 레이아웃을 짭니다. 이 구성에 따라 열심히 취재한 기사가 독자들에게 읽힐지 말지 여부가 달려 있으니까요. 보고서도 마찬가지입니다. 같은 내용을 어떻게 편집하느냐에 따라 정보 전달이 더 잘 되기도 하고, 반대로 더 안 되기도 하기 때문이죠.

임원이나 CEO들은 보고서를 펼치자마자 종이신문을 보듯 전체 내용을 한 번에 훑어봅니다. 이를 스키밍skimming한다고 하는데, 빠르게 훑으며 내용과 요점을 파악하는 읽기 방식을 뜻합니다. 따라서 같은 내용이라도 가독성이 떨어지면 전달하고자 하는 메시지가 상사의 머릿속에 남기 힘듭니다.

가독성을 높이는 방법 중에서 가장 중요한 것은 전체 레이아웃입니다. 마치 여권에 들어갈 사진을 찍을 때 구도를 잡는 것과 같습니다. 여권 사진을 찍는데 얼굴이 너무 크거나 작게 나오면 여권 신청할 때 가차 없이 반려 당합니다. 또한, 아무리 예쁘게 화장을 하고 찍어도 구도를 잘못 잡으면 어디에도 쓸 수 없는 사진이 되듯 문서도 각 요소가 적절한 위치에 배치되어야 합니다.

자, 지금부터 문서의 가독성을 높이기 위해 신경 써야 할 요소에는 무엇이 있는지 하나씩 살펴보도록 합시다.

① 여백

가장 먼저 할 일은 문서 여백 지정입니다. 정부와 공공기관에서 많이 사용하는 한컴오피스 기준으로 말씀드리면 기본값으로 지정되어 있는 여백인 30㎜는 너무 넓기 때문에 줄이는 것이 좋습니다. 회사마다 문서 규정이 다르지만 통상 상하좌우 여백은 20±5㎜, 머리말과 꼬리말은

10±5㎜ 정도로 설정하면 보기 좋습니다. 다만, 내용을 많이 넣으려고 여백을 극단적으로 줄이는 것은 바람직하지 않다는 점을 잊으시면 안 됩니다.

② 글꼴

글꼴은 가독성을 고려하여 본문은 명조체 계열, 제목과 표 안의 글자는 고딕체 계열로 설정하는 것이 좋습니다. 공공기관에서 주로 사용하는 명조체는 '휴먼명조'이고 고딕체는 'HY헤드라인'이나 '중고딕'을 많이 사용하는데, 최근에는 '맑은고딕'을 사용하기도 합니다. 글꼴을 선택할 때는 자신이 속한 회사 문서 규정에서 정한 글꼴이 있는지 확인한 후 사용해야 합니다. 글꼴을 자유롭게 쓸 수 있는 경우에도 함부로 사용하는 것은 조심해야 합니다. 내가 사용한 글꼴 파일이 다른 컴퓨터에 설치되어 있지 않으면 이상한 외계어로 표현되거나 깨질 수도 있기 때문입니다. 전자결재를 사용하는 경우 특히 조심해야 하며, MS 오피스 프로그램에서도 마찬가지입니다.

③ 글자 크기와 줄 간격

보고받는 위치에 있는 분들은 40대 이상인 경우가 대부분인데, 이 나이가 넘어가면 노안이 오기 시작합니다. 글자 크기를 줄여야 많은 내용을 담을 수 있고 종이도 아낄 수 있어 좋아 보여도, 보고서를 검토할 상사 맞춤형으로 작성하는 것이 현명합니다. 회사에서 작성하는 보고서는 글씨 크기 15pt, 줄 간격은 180% 정도가 적당합니다. 물론 회사마다 통용되는 문서 규정에 따라 차이가 있을 수 있으니 구체적인 것은 회사 내 규칙을 따라야 합니다. 핵심은 큼직큼직하게 써서 상사가 시원시원하게 읽을 수 있도록 하자는 것입니다.

④ 번호 체계

번호는 문서 내 위계질서를 나타내는 매우 중요한 요소입니다. 이것은 보고서를 개조식으로 작성하는 것과도 일맥상통합니다. 어떤 번호를 어디에 어떻게 붙이느냐에 따라 지금 설명하는 부분이 어떤 하위분류로 구분되는지를 나타내기 때문입니다.

다만 번호 체계 역시 기업마다 다를 수 있으므로 어느 한가지로 정할 수는 없습니다. 중요한 건 번호 체계를 문서의 처음부터 끝까지 일관되게 유지해야 한다는 것입니다.

통상적으로 Ⅰ, Ⅱ, Ⅲ… / 1), 2), 3)… / ①, ②, ③…과 같이 사용하거나 경우에 따라 가, 나, 다를 사용하기도 합니다. 최근에는 문서를 간단하게 작성하는 추세이므로 너무 복잡한 번호 체계를 사용하지 않고 간단하게 Ⅰ, 1, □, ○, -, ·로 표현하는 경우도 많습니다. 다만, 책자 형태로 발간하는 분량이 많은 보고서는 논문형식으로 번호를 표기하기도 합니다.

⑤ 들여쓰기

들여쓰기는 가독성을 좌우하는 필살기입니다. 번호 체계와 들여쓰기를 잘 활용하면 보고 내용의 위계질서를 한눈에 파악할 수 있으므로 가독성 높은 보고서를 쓸 수 있습니다. 다음 예시는 보고서의 일부입니다. 왼쪽의 경우 문서 기호로 위계를 잘 표현했지만, 들여쓰기가 안 되어 있다 보니 위계질서가 한눈에 파악되지 않습니다. 한편, 들여쓰기가 잘 된 오른쪽 문서는 한눈에 내용 파악이 가능하죠.

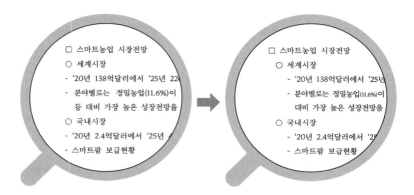

⑥ 표

표는 특정 항목을 비교하기 위해 사용합니다. 어떤 항목을 표의 첫 행에 넣을 것인지, 어떤 걸 가로로 넣고 어떤 걸 세로로 넣을지를 구성하는 것도 매우 중요합니다. 분명 표는 표인데, 아무 의미 없는 정보를 표로 만드는 경우가 종종 있습니다.

표 안쪽 텍스트는 고딕체 계열의 글꼴을 쓰는 것이 좋습니다. 표 안쪽에는 보통 단어나 수치를 기입하기 때문에 고딕체를 사용하는 편이 가독성 측면에서 더욱 효과적입니다. 제목을 고딕체로 쓰는 것과 같은 이유입니다.

수치를 표기할 때는 우측 정렬을 하는 것이 좋습니다. 그래야 수치의 크고 작음을 한눈에 확인할 수 있기 때문이죠. 또한 금액이나 단위는 표 머리 우측에 기입해서 표 안쪽에는 단위를 기재하지 않도록 해야 합니다. 천 단위 이상일 경우 쉼표(,)를 찍어 자릿수를 표현하고 소수점 아래 자리는 유효 숫자를 확인하여 통일되게 표현해야 합니다. 특히 이공계에서는 유효 숫자가 매우 중요하니 반드시 신경 써야 합니다.

표 안쪽 선은 보통 0.12~0.15㎜로 설정하고 표 테두리는 0.4㎜로 굵게 표현을 해주면 테두리가 강조되며 시인성이 올라갑니다. 때로는 표 양 옆의 선을 없애서 탁 트인 느낌을 주기도 합니다. 표의 첫번째 행에는 음영을 살짝 넣고 글씨를 굵게 표현하면 시인성이 좋아집니다.

⑦ 키워드 강조하기

CEO나 유명 인사의 연설 원고나 언론 브리핑 원고 그리고 아나운서나 MC들이 보는 스크립트를 보면 핵심 단어를 진하게 해놓고 추가로 강조해야 할 부분은 형광펜을 사용합니다.

보고서를 받아든 상사는 빠른 속도로 보고서를 훑으며 키워드 중심으로 읽기 때문에 반드시 강조하고 싶은 단어를 진하게 표현해 주는 것이 효과적입니다. 강조할 때에는 가급적이면 조사를 빼고 단어 위주로 강조하되, 필요에 따라 핵심 문구 전체를 강조할 수도 있습니다. 다만, 강조를 너무 자주 하면 효과가 떨어지니 주의해야 합니다. 어느 부분을 강조할지는 평소에 여러분의 상사가 그 위의 상사에게 보고할 때 어느 부분을 강조하며 설명하는지를 유심히 살펴보면 큰 도움이 됩니다.

⑧ 전체 구도

사진을 찍을 때에도 구도가 중요하듯 문서에서도 구도가 중요합니다. 특히 문서의 전체 구도가 균형 잡혀 있지 않으면 굉장히 어색하기 때문에 첫인상부터 점수를 깎아먹게 됩니다. 다음 예시를 살펴볼까요? 왼쪽은 제목의 위치가 왼쪽이 오른쪽에 비해 약간 위로 올라가 있습니다. 대개 보고서 표지는 회사마다 사내에서 사용되는 양식을 활용하는데, 여러 가지 버전으로 편집되는 과정에서 위치가 한두 줄만 바뀌어도 차이가 확연히 드러나기 때문에 보기가 안 좋습니다. 특히 빈칸의 글자 크기가 클 때는 엔터 한두 번으로도 제목의 위치가 크게 변하므로 크기를 작게 하여 위치를 세밀하게 조정하면 좋습니다. 제목 박스 크기도 왼쪽에 비해 오른쪽이 좀 더 여유가 있는데요, 문서에도 여백을 적절히 주어야 잘 읽히듯 제목 박스도 위아래 부분에 약간의 여유를 주면 가독성을 높이는 데 큰 도움이 됩니다.

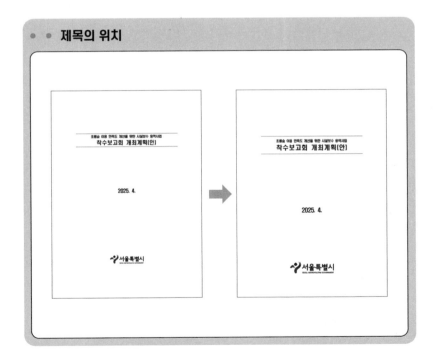

훌륭한 보고서는 첫인상이 절반 이상을 좌우합니다. 아무리 좋은 내용이 담겨있어도 예쁘게 정리되어 있지 않으면 머리가 복잡한 상사는 별로 읽고 싶은 마음이 들지 않습니다. 항간에는 '내용만 잘 통하면 되지, 쩨쩨하게 그런 것까지?'라고 생각하는 분들도 계시겠지만, 좋은 첫인상은 단지 예쁘게 보이는 것 이상의 가치를 가집니다. 보고서를 충실히 작성했다면 한눈에 들어오도록 멋지게 편집해 화룡점정을 찍기 바랍니다.

Chapter 5

직장 밖에서도
무기가 되는

글쓰기 비법

합격을 부르는 자소서의 비밀

예전에는 기업에서 인재를 채용할 때 공개 채용(공채) 방식이 일반적이었습니다. 공채로 입사하면 일정 기간 동안 신입 사원 연수를 마친 후 각각의 계열사, 사업 부문 또는 해당 부서로 발령을 받아 근무하는 방식이었죠. 하지만 이런 형태의 채용 방식은 빠르게 사라지고 있고, 그 속도는 점점 가속화되는 추세입니다. 공채를 유지하는 곳은 현재 일부 대기업과 공무원, 공기업 정도에 불과하고 대부분 수시 채용으로 인재를 채용하고 있습니다. 각종 AI 기술이 단순반복 업무를 처리하며 사람을 대신할 수 있기 때문에 예전처럼 대규모 인원 채용을 할 필요도 없고 사람을 뽑더라도 실력이 검증된 경력직을 뽑아 꼭 필요한 곳에 바로 투입하는 형태로 빠르게 변하고 있는 것입니다.

그렇기 때문에 앞으로 취업을 하기 위해서는 자기소개서의 중요성은 점점 더 강조될 것입니다. 이력서에 나타낼 수 없는 나만의 강점을 드러낼 유일한 수단이기 때문이죠. 하지만 단 한 번도 나에 대해 제대로 글을 써본 적이 없는데, 갑자기 글로 나를 소개하려고 하면 참으로 막막하기 그지없습니다.

이력서는 기본 정보를 채워 넣으면 되기 때문에 비교적 쉽지만 자소서는 이력서를 쓰는 것보다 몇 배는 더 어렵습니다. 이력서는 객관식에 가깝지만 자소서는 오롯이 나만의 특성을 살려 빈칸을 채워야 하는 주관식이기 때문이죠. 게다가 지금까지 제대로 된 인풋이 없었으니 아웃풋이 될 리도 없습니다. 이러니 자소서가 '자소설'이라 불리며 말도 안 되는 삼류소설 취급받을 뿐만 아니라 읽는 사람에게도 이렇다 할 감흥이 생길 리 없죠. 자소서에서 물어보는 대표 질문들은 다음과 같습니다.

---

1. 지원 동기
2. 성장 과정
3. 사회적 이슈에 대한 자신의 의견
4. 자신의 역량

회사마다 약간씩 다를 수 있는데 큰 틀에서는 차이가 없습니다. 인상적인 자소서를 작성하려면 질문에 일차원적인 대답을 할 게 아니라 질

문 너머에 숨어있는 의도, 즉 '이걸 왜 물어볼까?'를 생각해 봐야 합니다. 신입사원을 채용하는 데에는 많은 시간과 비용이 들어가기 때문에 질문을 아무렇게나 만들지 않습니다. 자소서에 나온 질문을 통해 진짜 알고자 하는 것은 '당신이 남들보다 뛰어난 점은 무엇인가요?', '그 역량이 우리 회사의 이익 창출에 어떤 도움이 되나요?'입니다. 따라서 자소서를 통해 그 부분에 대한 답을 해야 하죠.

하지만 자소서 컨설팅을 해보면 이런 점을 놓치는 경우가 참 많습니다. 인사담당자가 궁금해할 만한 내용보다는 대부분 자기가 하고 싶은 말만 합니다. 자소서에서 물어보는 성장 과정은 지원자가 얼마나 힘들게 살아왔는지가 궁금해서 물어보는 것이 아닙니다. 힘든 일을 극복하기 위해 어떻게 했는지, 그 과정에서 무엇을 느꼈는지, 그 경험이 앞으로 직장 생활을 하는데 어떤 도움이 될 것인지를 물어보는 질문이죠.

사회적 이슈에 대한 의견을 묻는 부분도 마찬가지입니다. 인사담당자가 궁금한 건 '사회적 현상에 대해 지원자가 어떤 의견을 가지고 있고, 그 의견을 뒷받침하는 근거를 논리정연하게 설명하고 있는가'입니다. 여기에 더해 지원자의 경험과 역량이 회사에서 직무를 수행하는 데 얼마나 도움이 되는지를 강조해서 한눈에 보여줘야 하죠. '그건 당연한 거 아니야?'라고 생각하실 수 있겠지만 자소서 컨설팅을 해보면 그렇지 않은 경우가 정말 많습니다.

최근에는 Chat GPT와 같은 생성형 AI를 이용해 자기소개서를 작성하는 경우도 많습니다. 하지만 강력한 창이 등장하면 그걸 막는 강력한 방패가 생겨나기 마련입니다. 대기업에서는 AI로 작성해 제출한 자기소개서를 또 다른 AI 프로그램으로 확인한 후 전부 탈락시키고 있다는 사실을 잊으면 안 됩니다. 뛰는 자 위에 나는 자가 있기 마련이니까요.

오탈자 교정이나 문맥을 다듬는 정도와 같이 AI를 적절히 활용하는 것은 괜찮습니다. 하지만 일면식도 없는 AI에게 내 인생이 걸린 취업 자소서를 온전히 맡긴다는 건 AI의 노예가 되겠다는 선언과 다름없는 매우 위험한 행동입니다.

합격을 부르는 자소서를 쓰는 좋은 방법 중 하나는 자신의 경험과 성취를 글로 쭉 적어보는 것입니다. 자기 자신에 대해서 잘 안다고 생각하는 경우가 많지만 실제로는 잘 모르는 사람이 대부분입니다. 이렇게 자신의 경험, 성취 목록을 적어보면 스스로를 객관적으로 파악하는 데 도움이 됩니다.

만약 대학교 2~3학년이라면 이렇게 적어보는 것만으로도 자신에 대한 중간 점검이 가능하고 졸업 전까지 아쉬운 부분을 채울 계획을 세워볼 수 있습니다. 졸업을 앞두고 있거나 이직을 준비하는 상황에서도 자신의 경험 목록을 적어본 후 지원하고자 하는 회사의 직무에 맞게 자소서를 작성해야 합니다. 가지고 있는 자원을 직무에 어떻게 연결할지를 정확히 파악해야 기업이 원하는 인재상에 맞는 자소서를 쓸 수 있기 때문이죠.

때로는 채용 시장의 엄청난 경쟁률에 주눅들기도 합니다. 하지만 경쟁률에는 대부분 허수가 존재하기 때문에 높은 경쟁률에 기죽을 필요는 없습니다. 중요한 건 내가 얼마나 간절한지, 간절한 만큼 충분히 준비된 인재인지 자소서를 통해 어필하는 것입니다. 자신의 능력을 지원하는 회사의 직무에 맞춰 뾰족하게 다듬는다면 반드시 눈에 띄게 되어 있습니다. 낭중지추囊中之錐라는 말이 괜히 있는 것이 아닙니다.

또한, 평가자의 눈길을 끌 수 있어야 합니다. 어디서나 흔히 볼 수 있는 자소서가 아니라 면접을 통해 지원자에 대해 더 알아보고 싶다는 생각이 들게 써야 합니다. 인사담당자는 적게는 수십 장에서 많게는 수백 장 이상의 자소서를 검토하기 때문에 웬만한 자소서는 첫 문장만 읽어도 뒤에 무슨 얘기가 나올지 뻔히 보입니다. 뽑고 싶은 자소서가 되기 위해서는 담당자의 관심을 집중시킬만한 나만의 스토리를 던져 자소서에 몰입할 수 있도록 해야 합니다.

나만의 스토리에 담긴 프로필, 경력, 성취 경험 등을 설명하며 나에 대한 신뢰를 높이는 전략을 취하는 거죠. 평가자로 하여금 '이 친구 괜찮은데? 직접 만나보고 싶은걸?'이라는 생각이 들도록 글을 써야 합니다.

한편, 자신의 성과를 설명할 때 객관적으로 충분히 강조하되 절대 과장하면 안 됩니다. 과장해서 쓸 경우 면접에서 추궁의 대상이 될 수 있을 뿐만 아니라 어떻게든 진실이 드러나게 되어 있기 때문입니다.

사람 보는 눈은 무서울 정도로 비슷합니다. 내가 괜찮다고 생각하면 다른 사람도 괜찮다고 생각하죠. 따라서 매력적으로 쓴 자소서는 여러 인사담당자로 하여금 뽑고 싶다는 생각이 들게 합니다. 평가자의 관심을 불러일으킬 만한 나만의 스토리로 내가 쓴 자소서에 빠져들게 한다면 합격에 한걸음 다가가게 될 것입니다.

2

생각을 글로 옮기기

대학생들의 과제나 취준생들의 자소서를 검토하다 보면 유난히 정리가 잘 된 사례를 발견할 때가 있습니다. 이런 글을 쓴 학생들과 이야기를 나눠보면 공통적으로 나타나는 특징이 있는데, 바로 일기를 꾸준히 써왔다는 것입니다. 매일 일기를 썼다는 것은 자신의 하루를 돌아보며 글로 표현하는 훈련이 되어 있다는 뜻이거든요. 이런 훈련을 통해 자소서, 논문, 보고서 등 그 어떤 문서에서도 자신의 생각을 잘 정리해낼 수 있습니다.

하지만 안 쓰던 일기를 갑자기 쓰라고 하면 이 또한 쉽지 않습니다. 초등학교 방학 숙제 이후로 일기를 쓴 적이 없다면 더더욱 그럴 테죠. 그럴 때는 감사 일기 쓰기로 시작해 보기를 추천합니다. 감사 일기는 오늘 하루 나에게 있었던 감사할 거리에 대해 쓰는 것입니다. 매일매일 세 개에서 다섯 개 정도를 한 줄 정도로만 써보는 거예요.

저는 예전에 자전거를 타다가 넘어져 뼈가 부러지는 바람에 손목에 철심을 박는 큰 수술을 한 적이 있습니다. 그로 인해 한동안 세수, 머리 감기, 글씨 쓰기와 같이 평소에 너무나 당연하게 해오던 일들을 전혀 하지 못하게 되었죠. 그제야 제가 누리던 일상이 얼마나 감사한지 느낄 수 있게 되었습니다. 2015년 2월 영종대교에서 106중 추돌사고가 나던 날 저는 정확히 한 시간 전에 같은 구간을 지나갔습니다. 조금만 늦었어도 추돌사고 현장 한가운데에 있을 뻔했죠. 그리고 비슷한 시기에 잘 알고 지내던 선배와 후배가 연달아 명을 달리하기도 했어요. 이런 일을 겪고 나니 아침에 "다녀오겠습니다"라는 인사를 하고 집을 나선 후 다시 무사히 돌아온다는 것이 절대 당연한 게 아니라는 걸 깨달았습니다.

이후 저는 '오늘 하루를 무사히 지낼 수 있음에, 가족들이 모두 건강함에, 편안하게 머물 수 있는 집이 있음에, 밥을 맛있게 먹을 수 있음에' 감사하게 되더군요. 매일 누리고 있는 일상이 너무나도 당연해서 감사함을 잘 느끼지 못하지만, 그 평범한 일상을 잃어보면 비로소 감사함을 느낄 수 있게 되죠.

또 다른 방법으로는 책을 읽은 후 감상을 글로 적어보는 것입니다. 대학교 강의나 진로 특강에서 만난 학생들과 이야기를 나눠보면 본인의 삶에 중심을 잡지 못하고 흔들리는 경우를 많이 봅니다. 어떻게 하면 학생들이 스스로 중심을 잡을 수 있을까 고민하다 내린 결정이 바로 '독서모임'이었습니다. 이름하여, '성공을 향한 첫걸음, 초롱초롱 독서모임'이었습니다. 3주에 한 번씩 제가 지정한 책을 읽고 서로의 생각을 나누는 것이지요.

대부분 책을 다 읽고 나면 '아, 정말 좋은 내용이구나!'라고 생각한 후 책을 덮습니다. 그런데 독일의 심리학자 헤르만 에빙하우스^{Hermann Ebbinghaus}의 연구에 따르면 새로운 내용을 학습한 후 20분이 지나면 배운 내용의 42%를, 하루가 지나면 67%를 잊는다고 합니다. 이러한 현상은 중요하지 않은 정보는 얼른 비워내려고 하는 뇌의 특성 때문에 나타나는 현상입니다. 하지만 읽은 책의 내용을 정리해서 글로 쓰면 확실하게 기억에 남죠.

《아웃풋 트레이닝》의 저자 가바사와 시온은 이러한 현상을 우리 뇌의 '망상활성계'가 자극받기 때문이라고 설명합니다. 자신이 배운 내용을 글로 정리하면 망상활성계가 자극을 받으며 대뇌피질 전체에 "집중! 이거 지금 완전 중요한 일이야!"라고 명령을 내려 글의 내용에 집중하게 되면서 머릿속에 확실히 저장되는 거죠. 공부 좀 한다는 사람들의 공통된 공부법을 살펴보면, 최대한 빠른 시간 내에 공부 범위를 통독한 후 나만의 방식으로 노트에 정리한다는 것을 알 수 있습니다.

따라서 책을 읽은 후에는 내용을 정리하는 것이 좋은데, 저는 '본깨적'

방식을 시도해 보기를 추천합니다. 이는 《본깨적》의 저자 박상배 님이 제안한 방법으로, '본깨적'은 본 것, 깨달은 것, 적용할 것의 머리글자입니다. 책을 읽은 다음 어떤 내용을 보았는지, 어떤 점을 깨달았는지, 그리고 앞으로 내 인생에서 적용할 점은 무엇인지를 적는 것이지요. 읽은 책을 본깨적 방식으로 정리하고, 적용할 점을 실제로 실천해 나간다면 우리 인생은 확실히 바뀔 것입니다.

다양한 연습을 통해 내 생각을 글로 일목요연하게 쓸 수 있다면 자소서, 보고서, 논문, 블로그, 책 쓰기 등 확장 범위가 무궁무진해져 자신의 생각을 글로 표현하지 못하는 사람과는 비교하지 못할 만큼 많은 기회가 열립니다.

글을 쓰는 과정에서 반드시 필요한 깊은 생각과 넓은 시야는 여러분들을 대체 불가능한 사람으로 재탄생시킵니다. AI가 우리의 일자리를 빠르게 잠식해가는 미래사회에서 자신만의 엄청난 무기가 될 글쓰기 연습, 하지 않을 이유가 없겠죠?

3

인생을 바꾸는 블로그 쓰기

대학생들에게 왜 공부하는지를 물어보면 대부분 "좋은 점수를 받기 위해", "좋은 회사에 취직하기 위해"라고 대답합니다. 그 대답에 "그걸 이룬 다음은요?"라고 물어보면 대부분 눈이 동그래지며 대답을 못 합니다. 공부가 인생의 목표 달성을 위한 수단이 아니라 공부 자체가 목적이 되어버렸기 때문입니다.

공부에는 많은 시간과 노력이 필요하고 때로는 넘기 힘든 벽을 만나기도 합니다. 이런 벽을 만났을 때 목표가 명확하지 않으면 몇 번 시도하다가 주저앉고 맙니다. 반면 목표가 명확하다면 어떻게 해서든 마주친 벽을 넘어서 성장하고, 그 성장이 모여 탄탄한 능력치를 가지면서 결국 자신의 목표를 이루게 되지요.

많은 이들이 퍼스널 브랜딩의 일환으로 블로그를 활용합니다. 블로그를 수익화해서 경제적 자유를 이루는 꿈을 꾸곤 하지요. 이런 목적으로 블로그를 하는 게 잘못된 생각은 아니지만 좋은 점수를 받기 위해 공부하는 것과 비슷하다고 생각해요. 좋은 점수만을 바라고 공부하면 벽을 만났을 때 쉽게 포기하듯, 수익화만을 목적으로 블로그를 운영하면 중간에 포기할 가능성이 크기 때문입니다. 그러나 블로그를 꿈에 다가가기 위한 하나의 과정으로 생각하고 좋은 글과 자신만의 스토리를 꾸준히 쌓아가면 퍼스널 브랜딩과 수익화는 자연히 따라오게 되어 있습니다. 사람들이 여러분들의 진가를 알고 스스로 찾아올 테니까요.

그런데 야심 찬 마음으로 블로그에 글을 쓰더라도 초반에는 댓글은커녕 아무도 내 글을 읽지 않을 것입니다. 게다가 어느 정도 노력을 들였음에도 불구하고 전혀 성과가 나지 않을 때면 '내가 도대체 뭐 하고 있나?' 하는 생각이 들 거예요. 그래서 다 때려치우고 싶다는 생각이 들 때가 분명 옵니다. 만약 이때 포기하면 열심히 금맥을 캐다가 금맥을 1m 앞에 두고 포기하는 것과 같습니다.

이럴수록 온라인 이웃들에게 먼저 다가가 소통하며 꾸준히 글을 써나가야 합니다. 그러다 보면 어느새 하나둘씩 '좋아요'가 달리고, 나와 비슷한 생각을 하는 사람들이 댓글을 달기 시작할 것입니다. 그때까지는 성과보다는 '쓴다는 사실'에 집중해야 합니다.

모닥불을 피우기 위해서는 장작을 공기가 잘 통하도록 쌓고 낙엽과 같은 불쏘시개에 불을 붙여 장작 온도가 발화점 이상으로 오를 때까지 충분히 가열해야만 합니다. 하지만 많은 사람이 낙엽 몇 장 넣고 불이 안 붙는다며 포기하고 맙니다.

이런 중도 포기 사례는 블로그 쓰기에서도 자주 볼 수 있습니다. 초반 에는 엄청난 기세로 활활 타오르지만 얼마 못 가 열정이 사그라드는 거죠. 하지만 동굴에서 쑥과 마늘을 먹으며 버티면 곰이 사람으로 거듭나 듯 꾸준히 쓰다 보면 100일 후에는 이웃들과 활발히 소통하고 있는 자 신을 발견하게 될 것입니다.

2010년 영국 런던대학교 임상심리학자이자 교수인 제인 워들 Jande Wardle은 새로운 행동이 완전히 습관이 되기까지 평균 66일이 걸린다는 연구 결과를 발표했습니다. 연구 결과에 따르면 100일 동안 매일매일 포 스팅을 하면 완전히 습관화가 된다는 거겠죠. 100일간 매일 블로그에 포스팅을 하는 일이 가지는 의미는 크게 세 가지입니다.

첫째, 매일 글 쓰는 습관을 들일 수 있습니다. 가장 기본적이면서도 중 요한 요소입니다. 몸짱이 되기 위해 꾸준한 운동 습관을 들이는 것이 가 장 첫 번째인 원리와 같습니다. 매일 글쓰기가 습관이 되면 자연스레 실 력을 키워갈 수 있습니다. 하지만 대부분은 이 기본적인 습관을 들이지 못합니다. 어떤 일이 있더라도 일단 매일 100일간 글을 꾸준히 써나간다 면 글쓰기 실력도 지속적으로 향상될 것입니다.

둘째, 100일 동안 매일 글을 쓰는 동안 생각을 정리하는 연습이 됩니다. 말을 조리 있게 하려면 머릿속의 생각을 정리해야 합니다. 그렇지 않으면 횡설수설하게 되죠. 그런데 열심히 정리해서 한 말도, 글로 옮기면 굉장히 이상할 겁니다. 즉, 말보다 글이 더욱 높은 수준의 정리를 요한다는 의미입니다. 글을 쓰기 위해 머릿속에 떠다니는 생각을 조리 있게 정리하는 과정에서 논리적 사고를 하게 되지요. 평소에 하는 대화도 평소보다 논리적으로 변하는 놀라운 경험을 하게 될 것입니다.

셋째, 내가 쓴 글에 피드백을 받아볼 수 있습니다. 글쓰기 실력은 꾸준히 읽고 쓰는 과정에서 향상되는데, 여기서 더 중요한 것은 바로 피드백입니다. 내가 쓴 글에 누군가가 반응을 해주면 동기부여가 될 뿐만 아니라 실력도 더 늘게 됩니다. 여기서 말하는 피드백은 조회수, 좋아요, 댓글의 개수와 댓글 내용을 모두 포함합니다. 꾸준히 글을 쓰고, 다양한 시도를 하며 사람들의 반응을 관찰하면 자신의 글쓰기 방향도 수정할 수 있습니다. 게다가 어떤 글을 썼을 때 사람들의 반응이 좋은지, 어떨 때 반응이 별로인지도 알 수 있습니다.

한편, 막상 글을 쓰려고 하면 무슨 내용을 써야 할지 생각나지 않는 경우가 있습니다. 이럴 때는 독서 후기를 추천합니다. 다만, 책을 요약 정리하는 포스팅은 추천하지 않습니다. 책 내용을 정리한다는 차원에서는 의미 있을지 몰라도 다른 사람들이 보기엔 재미가 없어서 잘 읽지 않아요. 그보다는 책을 읽으면서 공감 가는 내용이나 책에서 나온 이야기와 비슷한 내 생각과 경험을 정리해 보세요. 이렇게 하면 글쓰기 소재도 찾을 수 있고, 독자들의 공감도 이끌어낼 수 있습니다.

또한, 내 실패담이나 너무 힘들어서 기억하고 싶지 않은 일도 블로그에 써보면 도움이 됩니다. 살다 보면 누구나 실수와 실패를 경험합니다. 말을 안 해서 그렇지 누구나 마음 한편에는 가슴 아프고 부끄럽고 수치스러워서 마음속 깊이 숨겨놓은 상처가 한두 개씩은 있습니다. 이런 상처를 치유하는 방법 중 하나는 겪었던 일들을 글로 풀어보는 겁니다. 아픈 기억을 글로 써 내려가는 행위는 내 가슴속 깊이 숨겨놓았던 일을 밖으로 꺼내 나로부터 멀리 떨어뜨리는 과정입니다. 처음부터 잘되지 않을 거예요. 하지만 내 감정이 허용하는 한 조금씩 조금씩 써 내려가다 보면 힘들었던 감정에서 점차 자유로워질 수 있습니다.

상처를 글로 쓰는 과정에서 할 수 있는 또 다른 경험은 바로 나와 비슷한 일을 경험했던 분들의 고백입니다. 그동안 숨어있던 분들이 내가 쓴 글을 읽고 용기를 내어 세상 밖으로 나오기 시작합니다. 이런 분들의 댓글을 읽고 소통하며 '이런 실수를 나만 하는 것이 아니었구나'라는 위로를 받을 수 있을 뿐만 아니라, 내가 어느 지점에서 잘못했는지, 앞으로 어떤 부분을 조심해야 하는지를 깨달을 수 있게 됩니다. 이는 내가 한 단계 더 성장할 소중한 기회가 되고 비슷한 경험을 한 사람들에게 공감과 치유를 전할 수 있는 따스한 글이 됩니다.

미국의 사업가이자 동기부여 강연자인 짐 론Jim Rohn은 "자신이 가장 많은 시간을 함께 보내는 다섯 명의 사람의 평균이 바로 당신이다"라고 말합니다. 또한 맹자의 어머니가 맹자의 교육을 위해 세 번이나 이사를 했다는 일화에서도 알 수 있듯이 환경은 삶에 매우 큰 영향을 끼칩니다. 지금의 삶이 만족스럽지 않다면, 변화하고 싶다면, 주변 환경을 바꾸는 노력이 필요합니다. 블로그 쓰기는 내 주변 환경을 바꾸는 가장 좋은 수단 중 하나입니다.

블로그 쓰기를 하기 전까지 제 주변은 대부분 회사와 연관된 사람들이었습니다. 하지만 현재 저는 글을 쓰며 자신의 미래를 스스로 만들어가고 있는 사람들로 둘러싸였고, 대화의 대상과 주제도 예전과는 완전히 달라졌습니다.

여러분들도 블로그 쓰기로 주변 환경을 바꾸고 나아가 미래를 바꿔보면 어떨까요? 스스로 어떤 사람인지 알게 되고 인생의 방향을 결정하여 멋진 삶을 살아가게 될 겁니다.

4

평범한 사람의 생존 전략, 콘텐츠 생산자 되기

매일 글을 쓰기 위해서는 반드시 소재가 필요합니다. 그러다 보니 일상생활에서 보고 듣고 느끼는 모든 것을 글쓰기 소재와 연계하게 되면서 태도가 자연스럽게 '콘텐츠 생산자 모드'로 바뀌어 생각의 폭과 깊이가 확장되고 '사유하는 사람'으로 재탄생하는 거죠.

콘텐츠 생산자 모드로 전환이 되면 글감을 찾기 위해 모든 감각이 살아나기 시작합니다. 운전을 하다가 보는 주정차 단속용 CCTV나 길에서 흔하게 볼 수 있는 타이어 가게를 보면서도 말이죠. 이뿐만이 아닙니다. 책을 읽으면서, 신문을 읽으면서, 다른 이의 블로그 글을 보면서, 유튜브를 보면서도 모든 것이 글감으로 보입니다.

이처럼 콘텐츠 생산자 모드에서는 일상의 모든 것이 글감이 되는데, 여기서 중요한 건 '나만의 관점'입니다. 어디서나 흔히 볼 수 있는 내용이나 요약 정리로는 관심을 끌 수 없습니다. 하지만 같은 내용이라 하더라도 나만의 스토리를 입히면 전혀 다른 콘텐츠가 만들어집니다. 비슷한 사례도 직접 겪은 일화를 덧붙이거나 내 생각을 더하면 어디서도 읽을 수 없는 완전한 새로운 콘텐츠가 되기 때문이죠.

글감이 떠오르면 어떤 형태로든 기록을 해야 합니다. 생생하게 떠오른 소재와 사례들도 기록하지 않으면 휘발되기 마련이니까요. 저는 운전할 때, 지하철을 탈 때 그리고 산책할 때 아이디어가 많이 떠오르는 편입니다. 운전을 할 때는 손을 쓸 수 없으니 음성녹음을 이용하고, 그 외에는 핸드폰 메모장을 켜서 키워드 위주로 메모를 해놓습니다. 메모를 해두면 나중에 읽어도 그때 했던 생각들이 떠오르고, 정리하는 과정에서 새롭게 든 생각을 덧붙이고 정리하면 매우 멋진 글이 됩니다. 이런 식으로 글을 쓰면 시간도 단축될 뿐만 아니라 묘사하듯 생생한 글이 되기 때문에 읽기도 편해집니다.

나만의 개성이 중요한 시대입니다. 실제로 요즘 뜨고 있는 유명 유튜버들은 기존에 없던 개성 있는 캐릭터, 자신만의 독특함을 무기로 수많은 사람을 열광하게 만들고 있습니다. 유명세에 따른 경제적 보상은 말할 것도 없죠.

좋은 대학, 좋은 회사, 높은 학벌이 성공을 보장해 주던 시절이 있습니다. 예전엔 상대방에 대해 알 수 있는 방법이 그리 많지 않았기 때문에 그 사람의 '간판'을 보고 실력을 짐작할 수 있었죠. 하지만 이제는 미디어와 SNS의 발달로 간판의 중요성은 점차 줄어들고 진짜 실력이 중요한 시대가 되었습니다.

아무리 유명인이라고 해도 제대로 된 실력을 발휘하지 못하면 대중의 눈에 진짜 모습이 드러날 수밖에 없습니다. 따라서 우리는 진짜 실력을 키워서 자신을 온라인에서 알려야 합니다.

세상은 변했고 앞으로 더욱 빠르게 변할 것입니다. 변화의 파도에서 살아남으려면 우리는 윗세대가 살아온 기존 방식으로 살아가서는 안 됩니다. 빠르게 변화하는 시대에서 살아남기 위해서는 자신의 생각을 콘텐츠로 생산해 공유할 수 있어야 합니다. 일상에서 문득 떠오르는 생각을 수시로 메모해서 글감으로 차곡차곡 쌓아놓으면 현장감이 살아있는 생생한 글을 빠르게 써 내려갈 수 있습니다.

이처럼 나만의 관점을 담은 글을 꾸준히 써나간다면 모두 온라인에서 영향력이 있는 유명인으로 재탄생하게 될 것입니다. 온라인 명함은 앞으로 우리가 살아갈 세상에서 선택이 아닌 필수라고 할 수 있습니다.

5

타인을 설득하고 도와주는 스토리텔링의 힘

처음으로 강단에 섰을 당시 제가 맡은 과목은 '폐수처리공학'이었어요. 이 과목은 토목공학, 화학공학, 환경공학 등의 학과가 개설된 대부분의 대학에서 다루는 전공과목입니다. 영어로 진행되는 강의였기 때문에 학생들이 어렵게 느낄 것을 염려하여 교안을 고치고 또 고치며 '어떻게 하면 좀 더 쉽게 설명할까?', '어디까지 설명해 줄까', '어떤 스토리를 엮어서 설명해 주면 좋을까?'를 매일 고민하며 다짐했습니다. '이 과목에서만큼은 우리나라 아니, 전 세계 어디에서도 들을 수 없는 최고의 실무 기반 강의를 해야겠다'라고 말이죠.

상대성 이론을 창시한 천재 물리학자 알버트 아인슈타인[Albert Einstein]은 "쉽게 설명할 수 없으면 제대로 이해하지 못한 것이다"라고 말했습니다. 그의 말처럼 완전히 이해한 사람은 쉽게 설명합니다. 반면 어설프게 알고 있거나 제대로 알지 못하는 사람은 어렵게 설명하고, 그 설명을 듣는 사람도 이해가 안 됩니다. 자신이 제대로 이해하지 못했기 때문에 쉽게 설명할 수 없는 거죠. 이처럼 내가 알고 있는 내용을 누구나 쉽게 이해할 수 있게 설명할 수 있는 능력은 사회생활을 하는데 반드시 갖추어야 할 기본기입니다.

강의 첫 시간에 학생들에게 된장국 사진을 보여주었습니다. 그러고는 "생수에 된장과 각종 양념을 넣으면 된장국(폐수)이 되고, 된장국을 다시 생수로 만드는 과정이 폐수처리입니다"라고 설명했죠. 이어서 "물에 가라앉는 된장 콩과 두부는 가라앉히고, 물 위로 뜨는 팽이버섯과 파는 띄워서, 물에 녹아있는 된장은 화학적, 생물학적 처리로 제거해요. 이게 다입니다. 우리는 한 학기 동안 이걸 배울 겁니다"라고 말했습니다.

그리고 한 학기 동안 단계별 강의가 진행될 때마다 "이게 지금 된장국의 이 부분을 이 방식으로 처리하고 있는 것입니다"라고 이야기하며 강의를 진행했죠. 이렇게 설명하니 영어로 진행하는 강의였음에도 불구하고 학생들이 수업을 잘 따라와 주었습니다.

이 과정에서 저는 '진심은 통한다'는 사실을 배웠습니다. 누군가에게 진심을 다해 도움을 주고자 하면 상대방은 그 마음을 온전히 느낍니다. 사람의 감정은 거울과 같아서 내가 느끼는 그 감정을 상대방도 느끼기 때문이죠. 저는 학생들에게 제가 알고 있는 지식을 하나라도 더 알려주고 싶은 마음이 컸고 그 마음을 담아 어렵고 딱딱한 공부가 아닌 실무에서 꼭 필요한 내용을 이론과 함께 설명했던 거죠.

하지만 아무리 좋은 내용을 쉽게 설명하려고 해도 상대가 그것을 받아들일 준비가 되지 않으면 아무런 소용이 없습니다. 스토리텔링은 마치 이솝우화 '해와 바람'의 해와 같습니다. 해가 따스한 햇볕을 내리쬐어 나그네가 스스로 외투를 벗게 했듯 닫혀있던 마음을 스스로 열게 만들어야 합니다. 처음부터 딱딱하게 진도를 나가지 않고 된장국을 예로 들어 쉽게 설명한 것처럼 말이죠. 일상생활에서 쉽게 접할 수 있는 사례로 시작하여 전하고자 하는 메시지로 천천히 접근하면 훨씬 몰입이 잘 됩니다.

어릴 적 우리는 동화책을 읽으며 흥미진진하게 펼쳐지는 스토리에 몰입해 주인공에게 벌어지는 일을 자기 일처럼 여기며 기뻐하고, 슬퍼하고, 분노하곤 했습니다. 이처럼 우리는 어릴 때부터 이야기를 들으며 자라왔기 때문에 스토리가 친숙합니다. 따라서 이야기를 활용하면 사람들의 마음에 친숙하게 다가갈 수 있습니다.

감기에 걸리거나 배가 아파 병원을 찾아갈 때가 있습니다. 제가 가는 병원의 의사 선생님은 제 말을 차분히 잘 들어주실 뿐만 아니라, 증상에 많이 공감해 주시곤 합니다. 그래서인지 이 의사 선생님이 처방해 준 약을 먹으면 금방 나을 것 같은 믿음이 생깁니다. 한번은 다른 의원에 갔는데, 그곳의 의사 선생님은 제 증상을 들으며 무뚝뚝하게 화면에 증상을 입력하고 기계적으로 처방을 해주더라고요. 분명 약 종류는 크게 다르지 않을 텐데 약국에서 받은 약봉지를 보며 '이 약이 과연 잘 들을까?'라는 의구심이 들었습니다. 의사 선생님은 증상만 들어도 충분히 예상할 수 있으니 그렇게 빠른 속도로 처방을 했겠지만 환자 입장에서는 그렇지 않죠.

글쓰기도 마찬가지입니다. 상대방이 어떤 상황일지를 잘 생각하고 스토리텔링으로 접근하면 이해도 잘 되고, 기억에도 오래 남습니다. 재미있고 관심이 생기기 때문에 마음을 스스로 여는 거죠. 스토리텔링의 핵심은 '이야기'입니다. 일상에서 쉽게 볼 수 있는 것에 의미를 담아 이야기를 꾸려나가면 됩니다. 사물이나 동물에 의미를 부여한 동화에서 교훈을 얻는 것과 마찬가지예요.

타인을 설득하는 능력은 우리가 살아가는 데 있어 굉장히 중요한 능력일 뿐만 아니라, 반드시 필요한 능력입니다. 하지만 무작정 설득하기보다는 친숙한 방식으로 부드럽게 시도해야 합니다. 보고서나 논문이나 자소서를 쓸 때도 마찬가지입니다. 아무리 좋은 유튜브 콘텐츠도 누군가 클릭을 해서 봐야 의미가 있듯 글도 누군가에게 읽혀야만 의미가 있죠. 스토리텔링은 사람들이 글을 읽게 만듭니다. 거기에 독자가 이해하기 쉽게 글을 풀어나간다면 훌륭한 글이 될 것입니다. 타인을 설득할 수 있는 좋은 글을 쓰고 싶다면 스토리텔링 능력은 필수겠죠.

6

글쓰기 목표를 명확히 세우기

미국 시애틀의 자그마한 점포에서 시작해 글로벌 기업으로 성장한 스타벅스는 "인간의 정신에 영감을 불어넣고 더욱 풍요롭게 한다"라는 미션을 달성하기 위해 오늘도 고객들에게 정성이 가득 담긴 음료를 제공하고 있습니다. 이러한 미션이 스타벅스의 로고, 매장 분위기, 직원들의 서비스 곳곳에 배어 있어 매장에 방문한 고객들은 스타벅스의 기업가치를 확실히 느낄 수 있죠. 이처럼 내가 달성하고자 하는 미션이 명확하다면 그곳에 도달하기 위한 수단과 방법을 모색해야 합니다.

여러분은 글쓰기를 왜 하려고 하나요? 회사에서는 현재 벌어지고 있는 상황과 앞으로의 계획을 전달하기 위해 보고서를 쓰고 대학이나 대학원에서는 내가 한 연구의 의미를 설명하기 위해 논문을 쓰죠. 블로그에 쓰는 글은 사람에 따라 퍼스널 브랜딩을 위해, 홍보를 하기 위해 또 누군가는 수익화를 하기 위해 글을 씁니다. 어떤 이유로 글을 쓰든, 목표를 정확히 세우는 것은 정말 중요합니다.

자동차를 타고 서울에서 부산까지 갈 때 내비게이션에 그냥 '부산'이라고 찍으면 부산 근처까지는 가겠지만 부산에 도착해서는 정확한 목적지가 없어 헤매겠죠. '부산광역시 연제구 중앙대로 1001'처럼 목적지를 분명하게 찍어야 정확한 목적지까지의 경로를 알 수 있습니다. 설령 운전이 서툴러서 길을 잘못 들더라도, 실수로 고속도로 IC를 빠져나가더라도 다시 목적지로 향하는 길을 안내받을 수 있습니다.

글을 쓰는 것도 목적지를 찾아가는 것과 마찬가지여서 이유와 목표가 명확해야 합니다. 회사에서 쓰는 보고서, 학교에서 쓰는 논문, SNS에 쓰는 글 모두 마찬가지입니다. 따라서 글을 쓰기 전에 먼저 '나는 왜 글을 쓰려고 하는가?'라고 질문을 하고 이에 대한 답을 해본 후에 시작하는 것이 좋습니다. 내가 왜 글을 쓰는지에 대한 명확한 목표가 없으면 슬럼프에 빠져 포기하거나 엉뚱한 곳으로 갈 수 있습니다.

주변을 살펴보면 초반에는 엄청난 열정으로 글을 쓰고 이웃과 활발하게 소통하다가 어느 순간 소리소문없이 사라지는 이들이 참으로 많습니다. 이러한 현상은 왜 글을 쓰는지에 대한 목표 없이 맹목적으로 시작했기 때문입니다. 글을 쓰는 이유에 대해 스스로에 대한 확신이 없으니 글을 쓰다가 장애물을 만나면 '굳이 이렇게까지?'라 생각하며 주저앉거나 그만두게 되죠. 힘들여 글을 쓰지 않아도 먹고 지낼 만하고 명확한 목표가 없으니 굳이 앞으로 나아갈 필요성도 못 느낍니다. 반면 글쓰기에 대한 정확한 목표 설정은 앞으로 나아갈 힘을 주죠.

글쓰기에 대한 명확한 목표를 세울 때는 종이를 꺼내 직접 손으로 써 보는 방법이 좋습니다. 키보드에 타이핑을 해도 좋지만 직접 손으로 쓰는 방법을 추천합니다. 손글씨는 키보드 타이핑에 비해 손 근육을 많이 사용하기 때문에 뇌에서 신경회로가 작동하고, 이는 뇌에서 내 생각을 정리하는 데 매우 효과적입니다.

목표를 세우면 하루 24시간이라는 시간 내에 글쓰기에 얼마나 시간을 들일 것인지, 양질의 글을 쓰기 위해 어떤 책을 읽을 것인지가 명확해집니다. 구체적인 계획이 생기면 글쓰기를 꾸준히 해나갈 수 있습니다. 자신만의 글쓰기 목표를 세우고 그 목표를 향해 꾸준히 나아가 보시기를 바랍니다.

7

글쓰기 근력 키우기

글쓰기에 대한 목표를 명확히 세웠다면 다음은 글쓰기 근력을 키울 차례입니다. 글쓰기 근력을 키우는 첫 단계는 매일 글을 쓰는 습관을 들이는 건데, 마치 헬스 초보가 몸짱이 되기 위해 일단 헬스장에 매일 나가는 것과 정확히 같은 이치입니다. 천 리 길도 한 걸음부터라고 몸짱이 되려면 일단 꾸준히 헬스장에 가서 운동하는 습관을 들여야 제대로 된 운동을 통해 몸짱으로 재탄생할 수 있으니까요.

글쓰기를 처음 쓰기 시작할 때 중요한 것은 '잘 쓰기'가 아니라 '매일 쓰기'입니다. 그런데 많은 사람들이 겨우 일주일 정도 쓰고는 잘 안 써진다며, 소재가 부족하다며 주저앉으려고 합니다. 하지만 초반에는 글을 잘 쓸 수 없기 때문에 단 한 줄이라도 '매일 글을 써서 올리는 습관' 그 자체에 집중해야 합니다.

글이 잘 써지는 날도 있고, 도저히 써지지 않는 날도 있겠죠. 이런 기복을 이겨내고 꾸준히 써나가는 연습을 해야 합니다. 잘 써진다고 왕창 쓰고, 잘 안 써진다고 건너뛰면 글쓰기 습관을 몸에 익히기가 힘듭니다. 따라서 처음 한 달은 그냥 매일 써서 올리는 습관을 들이는 데 집중해야 합니다.

하지만 살다 보면 한 번쯤 놓칠 수도 있습니다. 이럴 땐 자책할 필요도 없이 그냥 다음 날 계속 이어가면 됩니다. 다만, 연달아 두 번 건너뛰지는 말아야 합니다. 한 번이 두 번 되고, 두 번이 세 번 되면서 나중에는 결국 그만두게 되거든요. 그러니 글을 써서 올리지 못하더라도 스스로를 다독이며 다시 글을 써나가시기 바랍니다.

글을 쓰는 형태와 매체는 상관없습니다. 만약 자기 자신을 돌아보고 마음의 소리를 들어보고 싶다면 '모닝 페이지'를 써보는 걸 추천합니다. 모닝 페이지는 《아티스트 웨이, 마음의 소리를 듣는 시간》의 저자 줄리아 캐머런Julia Cameron이 알려주는 내면의 목소리에 귀를 기울이는 방법입니다. 매일 빈 노트에 머릿속에서 떠오르는 생각과 감정을 있는 그대로 써나가는 거죠. 감사한 마음, 답답한 마음, 고민거리를 펜이 가는 대로 그냥 써 내려가세요. 때로는 다른 사람 흉을 봐도 되고 욕을 써도 됩니다. 있는 대로 배설을 하면서 내 감정을 바라보기 위함이니까요. 이렇게 마음의 소리를 덤덤하게 듣다 보면 나를 객관적으로 바라볼 수 있습니다.

나의 관점을 기록하는 방법으로 블로그, 브런치와 같은 글쓰기 기반 SNS를 활용하는 방법도 좋습니다. 단, 어느 정도 성장할 때까지 이웃이나 구독자와의 소통이 글을 계속 쓰게 하는 원동력이 되니 소통이 활발하고, 긴 글쓰기로 확장할 수 있는 블로그로 시작하기를 추천합니다.

온라인에 글을 쓸 때도 무작정 키보드를 두드리기보다는 종이를 꺼내서 쓰고자 하는 내용을 간단히 펜으로 적어보기를 권합니다. 일종의 뼈대를 잡는 방법입니다. 핵심 메시지와 사례, 개략적인 구조 등을 설정하고 시작하는 것입니다. 이는 건물을 짓기 위한 설계도 같은 역할을 하기 때문에, 글을 쓰는 과정에서 횡설수설하지 않고 전하려는 메시지를 정확하게 표현할 수 있게 됩니다. 비단 온라인 글쓰기뿐만 아니라 보고서나 논문에서도 매우 효과적인 방법입니다.

사람들은 글쓰기에 대한 막연한 두려움이 있습니다. 대부분 학창시절에 글쓰기, 글짓기에 대한 좋은 기억이 없기 때문일 확률이 높습니다. 하지만 이제는 좋은 점수를 받기 위해 글을 쓰는 것이 아니라 나를 표현하기 위해 글을 쓰는 시대입니다. 영상매체가 발달하고 AI가 발달해도 글쓰기의 중요성은 절대 줄어들지 않습니다. 오히려 자신의 생각을 글로 표현할 수 있는 사람과 그렇지 않은 사람으로 나뉘며 양극화가 점차 심해질 것입니다. 글을 쓸 수 있는 사람들은 점점 더 대체 불가능한 사람이 되고, 그렇지 않은 사람들은 AI에 종속되는 삶을 살게 될 테지요. 이 책을 읽으시는 독자분들 중에서 AI가 시키는 대로 살고 싶은 분들은 없을 거예요. 그렇다면 이제부터라도 글쓰기 능력을 키워야 합니다.

변화하는 환경 속에서 자신의 생각을 글로 표현할 수 있느냐 여부는 AI 시대의 생존 능력과 직결됩니다. 우리는 꾸준히 기록하고 공유해나가야 합니다. 사고력을 키우고 생각의 그릇을 넓힌다면 AI에게 대체되지 않는 고유성을 더욱 강화할 수 있으니까요. AI에게 대체되지 않는 삶을 살 것인지 AI에게 지배받는 삶을 살 것인지는 이제 여러분의 선택과 실천에 달렸습니다.

이제는 각자의 여정을 떠날 시간

사람들은 글을 잘 쓰고 싶다는 욕망을 마음속 한구석에 가지고 있습니다. 그럴 때 저는 이렇게 말합니다. "지금 바로 쓰라"고 말이죠. 하지만 사람들은 혹여 내가 쓴 글을 보고 누군가에게 놀림을 받을까 봐 아예 시도조차 하지 않는 경우가 대부분입니다.

처음부터 잘하는 사람은 없습니다. 글을 잘 쓰려면 일단 써봐야 합니다. 운동을 하면 할수록 나의 체력이 점점 향상되듯이 글도 자꾸 써야만 실력이 늡니다. 그런데 사람들은 한 번에 완벽하게 잘 쓰고 싶은 욕심에 시도조차 하지 않는 것이죠.

함박눈이 내리면 소나무 위에 하얀 눈이 소복하게 쌓입니다. 가지가 부러질 것처럼 쌓여있는 눈 위에 단 하나의 눈송이가 떨어지면 거짓말처럼 한 번에 눈이 쏟아져 내립니다. 세상 모든 일이 티끌같이 작은 노력이 쌓이고 쌓여 어느 순간 빛을 발하듯 글쓰기도 마찬가지입니다. 그때까지 우리는 꾸준히 시도하고 도전해야 합니다.

스케이트를 잘 타려면 스케이트를 신고 얼음판 위에 올라서야만 합니다. 처음 스케이트를 배운다면 당연히 넘어지고 엉덩방아도 찧을 것입니다. 이건 스케이트를 잘 타기 위해 당연히 거쳐야만 하는 통과의례일 뿐입니다. 이게 무섭다고 시도조차 하지 않으면 절대 스케이트를 잘 탈 수 없습니다. 누군가는 얼음판 위에서 넘어지는 내 모습을 보고 비웃을 테지만 그런 건 신경 쓸 필요가 없습니다. 나는 지금 '아, 이렇게 하면 넘어지는구나!'라는 또 하나의 배움을 얻고 한걸음 더 나아갔기 때문입니다.

관중석에 앉아서 넘어진 나를 보고 비웃는 사람들은 정작 자신이 시도조차 하지 않고 있다는 사실을 깨닫지 못합니다. 관중석에 앉아 있는 사람들은 절대 넘어질 일이 없습니다. 시도하지 않으면 절대 실수할 일이 없으니까요.

저도 지금까지 수많은 실수와 실패를 경험해 왔습니다. 때로는 이불 킥을 하고 싶을 정도로 부끄러운 일들도 많았고, 뼈저린 실패를 하기도 했습니다. 하지만 괜찮습니다. 왜냐하면 그 실패들을 딛고 일어선 경험이 지금의 저를 만들었기 때문입니다.

저는 앞으로도 많은 실패를 해나갈 것입니다. 실패를 하면 물론 굉장히 아프고 고통스럽겠지만, 이 또한 저를 더욱 단련해 나가는 과정이라 생각하고 의연하게 받아들이려고 합니다.

몇 년 전 제가 크나큰 실패를 경험하고 주저앉아 있을 때 저를 일어서게 해준 고마운 분들이 있습니다.

앞으로 달려 나가고 있는데 누군가 잡아 끌어내린다면 그건 네가 잘하고 있다는 증거라며 제게 힘을 실어주신 인하대학교 김창균 교수님, UNIST 최성득 교수님. 단단한 마인드 세팅을 할 수 있도록 도와주신 방탄렌즈 지혜 님, 구슬은 많은데 꿰는 방법을 모르겠다며 도움을 요청했을 때 흔쾌히 자신의 노하우를 모두 알려주신 허지영 작가님, 저를 많이 응원해 주신 블로그 이웃님들과 제 원고를 좋게 봐주신 체인지업북스 김형준 대표님, 함께 머리를 맞대고 원고를 검토해 주신 홍민지 편집자님 덕분에 이 책이 세상에 나올 수 있었습니다.

늘 저를 믿어주는 아내 정주희 그림동화 작가님과 자신의 멋진 미래를 스스로 개척해 나가고 있는 딸 예진이와 아들 선진이에게 사랑한다는 말을 전합니다.

무엇보다도 감사한 건 이 책을 읽어주신 여러분들입니다. 이제 우리는 각자의 분야에서 작가로 일잘러로 한 발자국을 뗄 차례입니다.

상위 1% 일잘러의
글쓰기 절대 원칙

1판 1쇄 인쇄 2024년 9월 13일
1판 1쇄 발행 2024년 9월 26일

지은이 김호중(초롱꿈)
발행인 김형준

편집 박시현, 홍민지, 허양기
디자인 유정희
온라인 홍보 허한아
마케팅 성현서

발행처 체인지업북스
출판등록 2021년 1월 5일 제2021-000003호
주소 경기도 고양시 덕양구 원흥동 705, 306호
전화 02-6956-8977
팩스 02-6499-8977
이메일 change-up20@naver.com
홈페이지 www.changeuplibro.com

ISBN 979-11-91378-60-3(13190)

체인지업북스는 내 삶을 변화시키는 책을 펴냅니다.

> **일러두기**
> 본문에 나오는 도서 중 국내 출간된 사례가 없는 경우 저자의 번역과 함께 원문을 병기하였습니다.